해커스 공인중개사

키워드 한손노트

2차 부동산공시법령

하나고 운가통신사에서

키하라 혼다폰드가 특별한 이만!

| 끊기고 가까워서 공부해 혼다폰에 틀 꼬 다리면서 공부할 수 있습니다!

| 해신 기하라면 처 인을 수 있습니다!
돈부에 세오르 정보된 통장 대용

| 야코드를 찍어 자동 사카이에로 연결하기 혁을 통해 수 있습니다!

◀ 기출 OX 문제

목차

PART 01
공간정보의 구축 및 관리 등에 관한 법률

POINT 01 토지의 등록	7
POINT 02 지번	8
POINT 03 지목	11
POINT 04 경계	18
POINT 05 면적	20
POINT 06 지적공부의 등록사항	23
POINT 07 지적공부의 보존 등	27
POINT 08 부동산종합공부	30
POINT 09 지적공부의 복구	31
POINT 10 토지이동 신청	33
POINT 11 축척변경	37
POINT 12 토지이동의 개시	40
POINT 13 지적정리	42
POINT 14 등록사항의 정정	45
POINT 15 지적측량 대상	47
POINT 16 지적측량 절차	49
POINT 17 지적위원회 및 지적측량 적부심사	51

목차

PART 02
부동산등기법

POINT 18	등기사항	55
POINT 19	종국등기의 효력	57
POINT 20	등기부 등	60
POINT 21	관공서 촉탁등기	62
POINT 22	가처분등기	63
POINT 23	직권에 의한 등기	65
POINT 24	등기신청의 당사자능력	67
POINT 25	등기권리자와 등기의무자	69
POINT 26	단독신청등기	71
POINT 27	제3자의 등기신청	72
POINT 28	등기신청정보	74
POINT 29	등기필정보	76
POINT 30	기타 첨부정보	78
POINT 31	등기신청의 각하	81
POINT 32	소유권보존등기	83
POINT 33	공동소유등기	85
POINT 34	소유권이전등기	86
POINT 35	환매특약등기	88
POINT 36	신탁등기	89
POINT 37	용익권등기	91
POINT 38	담보권등기	94
POINT 39	변경등기	98
POINT 40	경정등기	100
POINT 41	말소등기	102
POINT 42	말소회복등기	103
POINT 43	부기등기	104
POINT 44	가등기	106
POINT 45	이의신청	110

PART 01

공간정보의 구축 및 관리 등에 관한 법률

▶ 기출 OX 문제

★★ 칙근 5개년 4~5회 기출
★ 칙근 5개년 2~3회 기출

POINT 01 토지의 등록

01 토지의 등록

① 국토교통부장관은 모든 토지에 대하여 필지별로 소재·지번·지목·면적·경계 또는 좌표 등을 조사·측량하여 지적공부에 등록하여야 한다.

② 지적공부에 등록하는 지번·지목·면적·경계 또는 좌표는 토지의 이동이 있을 때 토지소유자(법인이 아닌 사단이나 재단의 경우에는 그 대표자나 관리인)의 신청을 받아 지적소관청이 결정한다. 다만, 신청이 없으면 지적소관청이 직권으로 조사·측량하여 결정할 수 있다.

02 지적소관청의 직권정리

① 지적소관청은 토지의 이동현황을 직권으로 조사·측량하여 토지의 지번·지목·면적·경계 또는 좌표를 결정하고자 하는 때에는 토지이동현황조사계획을 수립하여야 한다. 이 경우 토지이동현황조사계획은 시·군·구별로 수립하되, 부득이한 사유가 있는 때에는 읍·면·동별로 수립할 수 있다(시·도지사 승인 불요).

② 지적소관청은 토지이동현황조사계획에 따라 토지의 이동현황을 조사한 때에는 토지이동조사부에 토지의 이동현황을 적어야 한다.

③ 지적소관청은 직권으로 지적공부를 정리하고자 하는 때에는 토지이동조사부를 근거로 토지이동조서를 작성하여 토지이동정리결의서에 첨부하여야 한다.

POINT 02 지번

01 지번의 표시

① 아라비아 숫자로 표시하는 것이 원칙이지만 임야대장과 임야도에 등록된 토지는 숫자 앞에 "산"자를 붙인다.

② 지번은 본번(本番)과 부번(副番)으로 구성하되, 본번과 부번 사이에 "-" 표시로 연결한다. 이 경우 "-" 표시는 "의"라고 읽는다.

③ 지번은 지적소관청이 지번부여지역별로 북서에서 남동으로 순차적으로 부여한다.

02 법령상 지번의 부여 방법

신규등록 및 등록전환	① **원칙**: 지번부여지역에서 인접토지의 본번에 부번을 붙여 지번을 부여한다. ② **예외**: 다음의 경우 지번부여지역의 최종 본번의 다음 순번부터 본번으로 하여 순차적으로 지번을 부여할 수 있다. • 대상토지가 최종 지번 토지에 인접한 경우 • 대상토지가 여러 필지로 된 경우 • 대상토지가 이미 등록된 토지와 멀리 떨어져 있는 경우

분할	① **원칙**: 분할 후의 필지 중 1필지의 지번을 분할 전의 지번으로 하고 나머지 필지의 지번은 본번의 최종 부번 다음 순번으로 부번을 부여한다. ② **예외**: 분할 후의 필지 중 주거·사무실 등의 건축물이 있는 필지에 대하여는 분할 전의 지번을 우선하여 부여하여야 한다(신청 없이 당연부여).
합병	① **원칙**: 합병대상 지번 중 선순위 지번을 그 지번으로 하되, 본번으로 된 지번이 있을 때에는 본번 중 선순위 지번을 합병 후의 지번으로 한다. ② **예외**: 합병 전 필지에 주거 또는 사무실 등의 건축물이 있어 소유자가 그 건축물이 위치하는 지번을 합병 후의 지번으로 신청한 때에는 그 지번을 합병 후의 지번으로 부여하여야 한다.

지적확정측량 실시 지역	① **원칙**: 당해 사업시행지역 안에 있는 종전의 지번 중 본번으로만 부여한다. ✚ 단, 지적확정측량을 실시한 지역 안의 종전의 지번과 지적확정측량을 실시한 지역 밖에 있는 본번이 같은 지번이 있을 때의 그 지번, 지적확정측량을 실시한 지역의 경계에 걸쳐 있는 지번은 제외한다. ② **예외**: 부여할 수 있는 종전의 지번의 수가 새로이 부여할 지번의 수보다 적은 경우 • 당해 지번부여지역의 최종 본번의 다음 순번부터 본번으로 하여 순차적으로 지번을 부여한다. • 블록 단위로 하나의 본번을 부여한 후 필지별로 부번을 부여할 수 있다.
지적확정측량 실시 지역을 준용하는 경우	① 지번변경을 한 때 ② 행정구역 개편에 따른 새로운 지번부여시 ③ 축척변경 시행시

POINT 03 지목

01 지목의 표기방법 암기 TIP 목도장

① 토지(임야)대장에는 정식명칭과 코드번호를 기재하는 반면, 지적도에는 부호로 표기한다.
② 지목의 부호는 원칙적으로 지목명칭의 두문자를 사용하여 표기한다.
- 예외: 공장용지 ➡ 장, 주차장 ➡ 차, 하천 ➡ 천, 유원지 ➡ 원

02 지목의 구분

구분	내용
전	물을 상시적으로 이용하지 아니하고 곡물·원예작물(과수류 제외)·약초·뽕나무·닥나무·묘목·관상수 등의 식물을 주로 재배하는 토지와 식용을 위하여 죽순을 재배하는 토지는 "전"으로 한다.
답	물을 상시적으로 직접 이용하여 벼·연·미나리·왕골 등의 식물을 주로 재배하는 토지는 "답"으로 한다.
과수원	사과·배·밤·호도·귤나무 등 과수류를 집단적으로 재배하는 토지와 이에 접속된 저장고 등 부속시설물의 부지는 "과수원"으로 한다. 다만, 주거용 건축물의 부지는 "대"로 한다.

목장용지	다음의 토지는 **"목장용지"**로 한다. 다만, 주거용 건축물의 부지는 **"대"**로 한다. ① 축산업 및 낙농업을 하기 위하여 초지를 조성한 토지 ②「축산법」제2조 제1호의 규정에 의한 가축을 사육하는 축사 등의 부지 ③ 위의 토지와 접속된 부속시설물의 부지
임야	산림 및 원야(原野)를 이루고 있는 수림지·죽림지·암석지·자갈땅·모래땅·습지·황무지 등의 토지는 **"임야"**로 한다.
광천지	지하에서 온수·약수·석유류 등이 용출되는 용출구와 그 유지(維持)에 사용되는 부지는 **"광천지"**로 한다. 다만, 온수·약수·석유류 등을 일정한 장소로 운송하는 송수관·송유관 및 저장시설의 부지를 제외한다.
염전	바닷물을 끌어 들여 소금을 채취하기 위하여 조성된 토지와 이에 접속된 제염장 등 부속시설물의 부지는 **"염전"**으로 한다. 다만, 천일제염방식에 의하지 아니하고 동력에 의하여 바닷물을 끌어들여 소금을 제조하는 공장시설물의 부지를 제외한다.
대	다음의 토지는 **"대"**로 한다. ① 영구적 건축물 중 주거·사무실·점포와 박물관·극장·미술관 등 문화시설과 이에 접속된 정원 및 부속시설물의 부지 ②「국토의 계획 및 이용에 관한 법률」등 관계 법령에 의한 택지조성공사가 준공된 토지

공장 용지	다음의 토지는 "공장용지"로 한다. ① 제조업을 하고 있는 공장시설물의 부지 ② 「산업집적활성화 및 공장설립에 관한 법률」 등 관계 법령에 의한 공장부지 조성공사가 준공된 토지 ③ 위의 토지와 같은 구역 안에 있는 의료시설 등 부속시설물의 부지
학교 용지	학교의 교사(校舍)와 이에 접속된 체육장 등 부속시설물의 부지는 "학교용지"로 한다.
주차장	자동차 등의 주차에 필요한 독립적인 시설을 갖춘 부지와 주차전용 건축물 및 이에 접속된 부속시설물의 부지는 "주차장"으로 한다. 다만, 다음에 해당하는 시설의 부지를 제외한다. ① 「주차장법」 제2조 제1호 가목 및 다목의 규정에 의한 노상주차장 및 부설주차장(시설물의 부지인근에 설치된 부설주차장을 제외) ② 자동차 등의 판매목적으로 설치된 물류장 및 야외전시장
주유소 용지	다음의 토지는 "주유소용지"로 한다. 다만, 자동차·선박·기차 등의 제작 또는 정비공장 안에 설치된 급유·송유시설 등의 부지를 제외한다. ① 석유·석유제품, 액화석유가스, 전기 또는 수소 등의 판매를 위하여 일정한 설비를 갖춘 시설물의 부지 ② 저유소 및 원유저장소의 부지와 이에 접속된 부속시설물의 부지

창고 용지	물건 등을 보관 또는 저장하기 위하여 독립적으로 설치된 보관시설물의 부지와 이에 접속된 부속시설물의 부지는 **"창고용지"**로 한다.
도로	다음의 토지는 **"도로"**로 한다. 다만, 아파트 · 공장 등 단일 용도의 일정한 단지 안에 설치된 통로 등을 제외한다. ① 일반 공중의 교통운수를 위하여 보행 또는 차량운행에 필요한 일정한 설비 또는 형태를 갖추어 이용되는 토지 ②「도로법」등 관계 법령에 의하여 도로로 개설된 토지 ③ 고속도로 안의 휴게소 부지 ④ 2필지 이상에 진입하는 통로로 이용되는 토지
철도 용지	교통운수를 위하여 일정한 궤도 등의 설비와 형태를 갖추어 이용되는 토지와 이에 접속된 역사 · 차고 · 발전시설 및 공작창 등 부속시설물의 부지는 **"철도용지"**로 한다.
제방	조수 · 자연유수 · 모래 · 바람 등을 막기 위하여 설치된 방조제 · 방수제 · 방사제 · 방파제 등의 부지는 **"제방"**으로 한다.
하천	자연의 유수(流水)가 있거나 있을 것으로 예상되는 토지는 **"하천"**으로 한다.

구거	용수 또는 배수를 위하여 일정한 형태를 갖춘 인공적인 수로·둑 및 그 부속시설물의 부지와 자연의 유수(流水)가 있거나 있을 것으로 예상되는 소규모 수로 부지는 "구거"로 한다.
유지	물이 고이거나 상시적으로 물을 저장하고 있는 댐·저수지·소류지·호수·연못 등의 토지와 연·왕골 등이 자생하는 배수가 잘 되지 아니하는 토지는 "유지"로 한다.
양어장	육상에 인공으로 조성된 수산생물의 번식 또는 양식을 위한 시설을 갖춘 부지와 이에 접속된 부속시설물의 부지는 "양어장"으로 한다.
수도용지	물을 정수하여 공급하기 위한 취수·저수·도수(導水)·정수·송수 및 배수시설의 부지 및 이에 접속된 부속시설물의 부지는 "수도용지"로 한다.
공원	① 일반 공중의 보건·휴양 및 정서생활에 이용하기 위한 시설을 갖춘 토지로서 「국토의 계획 및 이용에 관한 법률」에 의하여 공원 또는 녹지로 결정·고시된 토지는 "공원"으로 한다. ② 「도시공원 및 녹지 등에 관한 법률」상의 어린이공원, 근린공원, 체육공원, 자연공원의 지목은 "공원"이지만 묘지공원의 지목은 "묘지"이다.

체육 용지	① 국민의 건강증진 등을 위한 체육활동에 적합한 시설과 형태를 갖춘 종합운동장 · 실내체육관 · 야구장 · 골프장 · 스키장 · 승마장 · 경륜장 등 체육시설의 토지와 이에 접속된 부속시설물의 부지는 "체육용지"로 한다. ② 다만, 체육시설로서의 영속성과 독립성이 미흡한 정구장 · 골프연습장 · 실내수영장 및 체육도장과 유수(流水)를 이용한 요트장 및 카누장 등의 토지는 제외한다.
유원지	① 일반 공중의 위락 · 휴양 등에 적합한 시설물을 종합적으로 갖춘 수영장 · 유선장(遊船場) · 낚시터 · 어린이놀이터 · 동물원 · 식물원 · 민속촌 · 경마장 · 야영장 등의 토지와 이에 접속된 부속시설물의 부지는 "유원지"로 한다. ② 다만, 이들 시설과의 거리 등으로 보아 독립적인 것으로 인정되는 숙식시설 및 유기장(遊技場)의 부지와 하천 · 구거 또는 유지[공유(公有)인 것으로 한정]로 분류되는 것은 제외한다.
종교 용지	일반 공중의 종교의식을 위하여 예배 · 법요 · 설교 · 제사 등을 하기 위한 교회 · 사찰 · 향교 등 건축물의 부지와 이에 접속된 부속시설물의 부지는 "종교용지"로 한다.

사적지	① 국가유산으로 지정된 역사적인 유적·고적·기념물 등을 보존하기 위하여 구획된 토지는 "사적지"로 한다. ② 다만, 학교용지·공원·종교용지 등 다른 지목으로 된 토지 안에 있는 유적·고적·기념물 등을 보호하기 위하여 구획된 토지는 제외한다.
묘지	① 사람의 시체나 유골이 매장된 토지, 「도시공원 및 녹지 등에 관한 법률」에 의한 묘지공원으로 결정·고시된 토지 및 「장사 등에 관한 법률」 제2조 제9호의 규정에 의한 봉안시설과 이에 접속된 부속시설물의 부지는 "묘지"로 한다. ② 다만, 묘지의 관리를 위한 건축물의 부지는 "대"로 한다.
잡종지	다음의 토지는 "잡종지"로 한다. 다만, 원상회복을 조건으로 돌을 캐내는 곳 또는 흙을 파내는 곳으로 허가된 토지는 제외한다. ① 갈대밭, 실외에 물건을 쌓아두는 곳, 돌을 캐내는 곳, 흙을 파내는 곳, 야외시장 및 공동우물 ② 변전소, 송신소, 수신소 및 송유시설 등의 부지 ③ 여객자동차터미널, 자동차운전학원 및 폐차장 등 자동차와 관련된 독립적인 시설물을 갖춘 부지 ④ 공항시설 및 항만시설 부지 ⑤ 도축장, 쓰레기처리장 및 오물처리장 등의 부지 ⑥ 그 밖에 다른 지목에 속하지 않는 토지

POINT 04 경계

01 의의

① 경계란 필지별로 경계점간을 직선으로 연결하여 지적공부에 등록한 선이다.

② 토지의 지상경계는 둑, 담장이나 그 밖에 구획의 목표가 될 만한 구조물 및 경계점표지 등으로 구분한다.

02 지상경계점등록부

① 지적소관청은 토지의 이동(異動)에 따라 지상경계를 새로 정한 경우에는 지상경계점등록부를 작성·관리하여야 한다.

② 등록사항
- 토지의 소재, 지번
- 경계점 좌표(경계점좌표등록부 시행지역에 한정)
- 경계점 위치 설명도
- 경계점의 사진 파일
- 공부상 지목과 실제 토지이용 지목
- 경계점표지의 종류 및 경계점 위치

03 경계의 설정 기준

지상경계를 새로이 결정하고자 하는 경우에는 다음의 기준에 의한다.

① **연접되는 토지 사이에 고저가 없는 경우**: 그 구조물 등의 중앙

② **연접되는 토지 사이에 고저가 있는 경우**: 그 구조물 등의 하단부

③ **도로·구거 등의 토지에 절토된 부분이 있는 경우**: 그 경사면의 상단부

④ **토지가 해면 또는 수면에 접하는 경우**: 최대만조위 또는 최대만수위가 되는 선

⑤ **공유수면매립지의 토지 중 제방 등을 토지에 편입하여 등록하는 경우**: 바깥쪽 어깨부분

✚ 지상경계의 구획을 형성하는 구조물 등의 소유자가 다른 경우에는 ①, ②, ③의 규정에도 불구하고 그 소유권에 의하여 지상경계를 정한다.

04 분할에 따른 경계결정

분할에 따른 지상경계는 지상건축물을 걸리게 결정하여서는 안 된다. 다만, 다음의 경우에는 예외로 한다.

① 법원의 확정판결이 있는 경우

② 공공사업 등으로 되는 토지를 분할하는 경우

③ 도시개발사업 등의 사업지구의 경계를 결정하는 경우

④ 도시·군관리계획선에 따라 토지를 분할하려는 경우

POINT 05 면적

01 의의 암기 TIP 면장

① 면적이란 지적공부에 등록한 필지의 수평면상의 넓이를 말한다.

② 면적은 도상에서 측정한다(전자면적측정기). 다만, 경계점좌 표등록부를 작성 · 비치하는 지역의 면적은 좌표로서 계산한다 (좌표면적계산법).

③ 면적은 토지대장이나 임야대장에만 등록한다.

02 면적측정

필요한 경우	불필요한 경우
① 토지의 소재, 지번 ② 지적공부 복구 ③ 신규등록, 등록전환, 분할 ④ 도시개발사업 등으로 새로이 경계를 획정하는 경우 ⑤ 축척변경 ⑥ 경계정정 ⑦ 경계복원측량 및 현황측량(면적측량이 수반되는 때)	① 지번 · 지목변경 ② 합병 ③ 위치정정 ④ 경계복원측량 ⑤ 지적현황측량

land.Hackers.com

03 면적의 등록단위

① 면적의 단위는 m^2다.
② **일반지역**: $1m^2$까지 등록. 1필지의 면적이 $1m^2$ 미만일 때에는 $1m^2$로 한다.
③ **1/600 축척 및 경계점좌표등록지**: $0.1m^2$까지 등록. 1필지의 면적이 $0.1m^2$ 미만일 때에는 $0.1m^2$로 한다.

04 끝수처리

① 토지면적에 $1m^2$ 미만의 끝수가 있는 경우
  - **$0.5m^2$ 미만일 때**: 버린다.
  - **$0.5m^2$를 초과하는 때**: 올린다.
  - **$0.5m^2$일 때**: 구하려는 끝자리의 숫자가 0 또는 짝수이면 버리고 홀수이면 올린다.

② 지적도의 축척이 600분의 1인 지역과 경계점좌표등록부에 등록하는 지역의 토지 면적은 m^2 이하 한 자리 단위로 하되, $0.1m^2$ 미만의 끝수가 있는 경우
  - **$0.05m^2$ 미만일 때**: 버린다.
  - **$0.05m^2$를 초과할 때**: 올린다.
  - **$0.05m^2$일 때**: 구하려는 끝자리의 숫자가 0 또는 짝수이면 버리고 홀수이면 올린다.

05 등록전환 및 분할에 따른 면적오차의 처리 등

① **등록전환**: 등록전환을 위하여 면적을 정함에 있어 오차가 발생하는 경우

ㄱ 그 오차가 허용범위 이내인 경우에는 등록전환될 면적을 등록전환 면적으로 결정

ㄴ 그 오차가 허용범위를 초과하는 경우에는 임야대장의 면적 또는 임야도의 경계를 지적소관청이 직권으로 정정하여야 한다.

② **분할**: 분할시 면적의 단수처리에 있어서 분할 전의 면적에 증감이 없도록 한다.

ㄱ 오차가 허용범위 이내인 경우에는 그 오차를 분할 후의 각 필지의 면적에 따라 나눈다.

ㄴ 오차가 허용범위를 초과하는 경우에는 지적공부상의 면적 또는 경계를 정정하여야 한다.

③ **경계점좌표등록부 시행지역의 토지분할**

ㄱ 분할 후 각 필지의 면적합계가 분할 전 면적보다 많은 경우에는 구하려는 끝자리의 다음 숫자가 작은 것부터 순차적으로 버려서 정하되, 분할 전 면적에 증감이 없도록 할 것

ㄴ 분할 후 각 필지의 면적합계가 분할 전 면적보다 적은 경우에는 구하려는 끝자리의 다음 숫자가 큰 것부터 순차적으로 올려서 정하되, 분할 전 면적에 증감이 없도록 할 것

POINT 06 지적공부의 등록사항

01 토지대장, 임야대장

고유 번호			토지대장		도면 번호		장번호	
토지 소재			지번		축척		비고	
토 지 표 시				소 유 자				
지목	면적		사유	변동일자	주소		등록번호	
		m²		변동원인			성명 또는 명칭	
				년 월 일				
				년 월 일				
등 급 수 정 연 월 일								
토 지 등 급 (기준수확량등급)			( )	( )	( )	( )	( )	( )	( )
개별공시지가 기준일								용도 지역 등
개별공시지가(원/m²)								

02 공유지연명부

고유 번호		공유지연명부				장 번호		
토지 소재			지 번			비 고		
변동일		소　유　자			변동일		소　유　자	
변동 원인	소유권 지분	주　소	등록번호 성명 또는 명칭		변동 원인	소유권 지분	주　소	등록번호 성명 또는 명칭
년월일					년월일			
년월일					년월일			

03 대지권등록부

고유번호		대지권등록부		전유부분의 건물표시		건물 명칭		
토지소재			지번	대지권 비 율		장번호		
지 번								
대지권 비 율								
변동일		소　유　자			변동일		소　유　자	
변동원인	소유권 지분	주소	등록번호 성명 또는 명칭		변동원인	소유권 지분	주소	등록번호 성명 또는 명칭
년 월 일					년 월 일			
년 월 일					년 월 일			

04 지적도와 임야도

① 도면의 축척
- **지적도의 법정축척**: 1/500, 1/600, 1/1000, 1/1200, 1/2400, 1/3000, 1/6000
- **임야도의 법정축척**: 1/3000, 1/6000

② 등록사항
- 토지의 소재
- 지번
- **지목**: 지번의 오른쪽 옆에 부호로 기재
- 경계
- 도면의 색인도
- 도면의 제명 및 축척
- 도곽선 및 도곽선 수치
- **좌표에 의하여 계산된 경계점간의 거리**: 경계점좌표등록부 시행지역에 한함
- 삼각점 및 지적기준점의 위치
- 건축물 및 구조물 등의 위치
- 그 밖에 국토교통부장관이 정하는 사항

③ 경계점좌표등록부를 비치하는 지역의 지적도 특징
- 도면의 제명 끝에 '(좌표)'라고 표시
- 좌표에 의하여 계산된 경계점간 거리(cm 단위까지)를 표시
- 도곽선의 오른쪽 아래 끝에 "이 도면에 의하여 측량할 수 없음."이라고 기재

05 공제감보평등록부

공제감보평등록부							
고유번호		사번		보호		비고	
	보호등급		좌표	보호	좌표		
			X Y		X Y	장부호	감면부호
			㎡ ㎡		㎡ ㎡		

POINT 07 지적공부의 보존 등

01 (일반적) 지적공부

① 지적소관청은 해당 청사에 지적서고를 설치하고 그 곳에 지적공부를 영구히 보존한다.

② 예외적 반출
- 천재지변이나 그 밖에 이에 준하는 재난을 피하기 위하여 필요한 경우
- 관할 시·도지사 또는 대도시 시장의 승인을 받은 경우

③ 지적공부를 열람하거나 그 등본을 발급받으려는 자는 해당 지적소관청에 그 열람 또는 발급을 신청하여야 한다.

02 정보처리시스템에 기록·저장된 지적공부

① 관할 시·도지사, 시장·군수 또는 구청장은 그 지적공부를 지적정보관리체계에 영구히 보존하여야 한다(반출규정無).

② 국토교통부장관은 정보처리시스템을 통하여 기록·저장한 지적공부가 멸실되거나 훼손될 경우를 대비하여 지적공부를 복제하여 관리하는 정보관리체계를 구축하여야 한다.

③ 열람하거나 그 등본을 발급받으려는 경우: 특별자치시장, 시장·군수 또는 구청장이나 읍·면·동의 장에게 신청할 수 있다.

03 지적정보 전담 관리기구

① 국토교통부장관은 지적공부의 효율적인 관리 및 활용을 위하여 지적정보 전담 관리기구를 설치·운영한다.

② 국토교통부장관은 지적공부를 과세나 부동산정책자료 등으로 활용하기 위하여 주민등록전산자료, 가족관계등록전산자료, 부동산등기전산자료, 공시지가전산자료 등을 관리하는 기관에 자료를 요청할 수 있다. 요청을 받은 관리기관의 장은 특별한 사정이 없는 한 응하여야 한다.

04 지적전산자료의 이용

① 지적전산자료를 신청하려는 자는 자료의 이용 또는 활용목적에 관하여 미리 관계 중앙행정기관의 심사를 받아야 한다. 다만, 중앙행정기관의 장이나 그 소속기관의 장 또는 지방자치단체의 장이 신청하는 때에는 관계 중앙행정기관의 장의 심사를 받지 않는다.

② 심사를 받지 않는 경우

- 토지소유자가 자기토지에 대한 지적전산자료를 신청하는 경우
- 토지소유자가 사망하여 상속인이 피상속인의 토지에 대한 지적전산자료를 신청하는 경우
- 「개인정보 보호법」 제2조 제1호에 따른 개인정보를 제외한 지적전산자료를 신청하는 경우

05 지적전산자료의 이용 신청(승인 X)

지적공부에 관한 전산자료('지적전산정보자료')를 이용 또는 활용하고자 하는 자는 다음의 자에게 신청하여야 한다.

① **전국 단위의 지적전산자료**: 국토교통부장관, 시·도지사 또는 지적소관청
② **시·도 단위의 지적전산자료**: 시·도지사 또는 지적소관청
③ **시·군·구 단위의 지적전산자료**: 지적소관청

POINT 08 부동산종합공부 ★

01 부동산종합공부의 관리 및 운영

① 지적소관청은 부동산의 효율적 이용과 부동산과 관련된 정보의 종합적 관리·운영을 위하여 부동산종합공부를 관리·운영한다.

② 지적소관청은 부동산종합공부를 영구히 보존하여야 하며, 부동산종합공부의 멸실 또는 훼손에 대비하여 별도로 복제하여 관리하는 정보관리체계를 구축하여야 한다.

③ 부동산종합공부의 등록사항을 관리하는 기관의 장은 지적소관청에 상시적으로 관련 정보를 제공하여야 한다.

02 부동산종합공부의 등록사항

① 토지의 표시와 소유자에 관한 사항

② 건축물의 표시와 소유자에 관한 사항(토지에 건축물이 있는 경우만 해당)

③ 토지의 이용 및 규제에 관한 사항

④ 부동산의 가격에 관한 사항

⑤ 「부동산등기법」에 따른 부동산의 권리에 관한 사항

03 부동산종합공부의 열람 및 증명서 발급

부동산종합공부를 열람하거나 부동산종합공부 기록사항의 전부 또는 일부에 관한 증명서('부동산종합증명서')를 발급받으려는 자는 지적소관청이나 읍·면·동의 장에게 신청할 수 있다.

POINT 09 지적공부의 복구

01 지적공부의 복구

지적소관청(전산지적공부는 시·도지사, 시장·군수 또는 구청장)은 지적공부가 멸실되거나 훼손된 경우, 지체 없이 이를 복구하여야 한다(시·도지사의 승인 불요).

02 지적공부의 복구자료

토지의 표시에 관한 사항	소유자에 관한 사항
① 지적공부의 등본 ② 측량 결과도(측량준비자료 ×) ③ 토지이동정리 결의서(소유자정리결의서 ×, 토지이용계획확인서 ×) ④ 부동산등기부 등본 등 등기사실을 증명하는 서류 ⑤ 지적소관청이 작성·발행한 지적공부의 등록내용을 증명하는 서류 ⑥ 복제된 지적공부 ⑦ 법원의 확정판결서 정본 또는 사본	① 부동산등기부 ② 법원의 확정판결

03 지적공부의 복구절차

복구자료 조사	-
자료작성	지적소관청은 조사된 복구자료 중 토지대장·임야 대장 및 공유지연명부의 등록내용을 증명하는 서류 등에 따라 지적복구자료 조사서를 작성하 고, 지적도면의 등록내용을 증명하는 서류 등에 따라 복구자료도를 작성하여야 한다.
복구측량	① 기존의 면적과 복구자료에 의하여 측량한 면적 이 허용오차 범위를 초과하거나 복구자료가 없는 경우에는 복구측량을 하여야 한다. ② 복구측량을 한 결과가 복구자료와 부합하지 아니하는 때에는 토지소유자 및 이해관계인 의 동의를 얻어 경계 또는 면적 등을 조정할 수 있다.
게시 및 이의신청	① 복구하려는 토지의 표시 등을 시·군·구 게 시판 및 인터넷 홈페이지에 15일 이상 게시 하여야 한다. ② 이의가 있는 자는 게시기간 내에 지적소관청 에 이의신청을 할 수 있다.
지적공부의 복구	토지대장·임야대장 또는 공유지연명부는 복구 되고, 지적도면이 복구되지 아니한 토지가 축척 변경 시행지역이나 도시개발사업 등의 시행지역 에 편입된 때에는 지적도면을 복구하지 아니할 수 있다.

POINT 10 토지이동 신청

01 토지이동 정리

구분	신청의무	측량	변경등기촉탁	비고
신규등록	60일	O	×	등기촉탁 ×
등록전환	60일	O	O	지목변경 불요
분할	60일(△)	O	O	예외적 신청의무
합병	60일(△)	×	O	• 예외적 신청의무 • 합병제한사유
지목변경	60일	×	O	
해면성 말소	90일	O	O	하천편입시 말소 ×
토지의 회복	×	O	O	신청의무 없음
축척변경	×	O	O	신청의무 없음

02 등록전환 대상 토지

① 「산지관리법」에 따른 산지전용허가·신고, 산지일시사용허가·신고, 「건축법」에 따른 건축허가·신고 또는 그 밖의 관계 법령에 따른 개발행위 허가 등을 받은 경우

② 대부분의 토지가 등록전환되어 나머지 토지를 임야도에 계속 존치하는 것이 불합리한 경우

③ 임야도에 등록된 토지가 사실상 형질변경되었으나 지목변경을 할 수 없는 경우

④ 도시·군관리계획선에 따라 토지를 분할하는 경우

03 분할 대상 토지

① 1필지의 일부가 형질변경 등으로 용도가 다르게 된 경우(신청의무)

② 소유권이전, 매매 등을 위하여 필요한 경우

③ 토지이용상 불합리한 지상 경계를 시정하기 위한 경우

04 합병의 제한

① 합병하려는 토지의 지번부여지역, 지목 또는 소유자가 서로 다른 경우

② 합병하려는 토지에 다음의 등기 외의 등기가 있는 경우
- 소유권·지상권·전세권 또는 임차권의 등기
- 승역지에 대한 지역권의 등기
- 합병하려는 토지 전부에 대한 등기원인 및 그 연월일과 접수번호가 같은 저당권 등기
- 합병하려는 토지 전부에 대한 등기사항이 동일한 신탁등기

③ 합병하려는 토지의 지적도 및 임야도의 축척이 서로 다른 경우

④ 합병하려는 각 필지가 서로 연접하지 않은 경우

⑤ 합병하려는 토지가 등기된 토지와 등기되지 아니한 토지인 경우

⑥ 합병하려는 각 필지의 지목은 같으나 일부 토지의 용도가 다르게 되어 법 제79조 제2항에 따른 분할대상 토지인 경우(다만, 합병신청과 동시에 토지의 용도에 따라 분할신청을 하는 경우 제외)

⑦ 합병하려는 토지의 소유자별 공유지분이 다른 경우

⑧ 합병하려는 토지가 구획정리, 경지정리 또는 축척변경을 시행하고 있는 지역의 토지와 그 지역 밖의 토지인 경우

⑨ 합병하려는 토지소유자의 주소가 서로 다른 경우(다만, 지적소관청이 「전자정부법」 제36조 제1항에 따른 행정정보의 공동이용을 통하여 확인한 결과 토지소유자가 동일인임을 확인할 수 있는 경우 제외)

05 지목변경대상 토지

① 「국토의 계획 및 이용에 관한 법률」 등 관계 법령에 따른 토지의 형질변경 등의 공사가 준공된 경우

② 토지 또는 건축물의 용도가 변경된 경우

③ 도시개발사업 등의 원활한 사업을 추진하기 위하여 사업시행자가 공사 준공 전에 토지의 합병을 신청하는 경우

06 바다로 된 토지의 등록말소

① 지적소관청은 지적공부에 등록된 토지가 지형의 변화 등으로 바다로 된 경우로서 원상으로 회복될 수 없거나 다른 지목의 토지로 될 가능성이 없는 경우에는 지적공부에 등록된 토지소유자에게 지적공부의 등록말소 신청을 하도록 통지하여야 한다.

② **토지소유자가 통지를 받은 날부터 90일 이내에 등록말소 신청을 하지 아니한 경우:** 지적소관청은 직권으로 지적공부의 등록사항을 말소하여야 한다.

③ **말소한 토지가 지형의 변화 등으로 다시 토지가 된 경우:** 지적소관청은 토지로 회복등록을 할 수 있다(신청의무 없음).

④ **지적공부의 등록사항을 직권으로 말소하거나 회복등록하였을 때:** 정리결과를 토지소유자 및 해당 공유수면의 관리청에 통지하여야 한다.

POINT 11 축척변경

01 의의

축척변경이란 지적도에 등록된 경계점의 정밀도를 높이기 위하여 작은 축척을 큰 축척으로 변경하여 등록하는 것을 말한다.

02 축척변경의 대상

① 지적소관청은 토지소유자의 신청 또는 지적소관청의 직권으로 일정한 지역을 정하여 그 지역의 축척을 변경할 수 있다.
② 절차적 요건
- 축척변경시행지역 안의 토지소유자의 3분의 2 이상의 동의를 얻을 것
- 축척변경위원회의 의결을 거칠 것
- 시·도지사 또는 대도시 시장의 승인을 얻을 것

03 의결 및 승인 없이 축척변경할 수 있는 경우(이 경우 면적만 새로 정함)

① 합병하려는 토지가 축척이 다른 지적도에 각각 등록되어 있어 축척변경을 하는 경우
② 도시개발사업 등의 시행지역에 있는 토지로서 그 사업에서 제외된 토지의 축척변경을 하는 경우

04 축척변경 절차

소유자 2/3 이상의 동의	–
축척변경 위원회의 의결	–
시 · 도지사 승인	–
시행공고	지적소관청은 승인을 받았을 때에는 지체 없이 20일 이상 공고하여야 한다.
경계 표시	토지소유자 또는 점유자는 시행공고일로부터 30일 이내에 현재의 점유 상태를 표시하는 경계점표지를 설치하여야 한다.
지적측량 및 토지표시 결정	① 지적소관청은 축척변경시행지역 안의 각 필지별 지번, 지목, 경계 또는 좌표를 새로이 정한다. ② 측량은 토지소유자가 설치한 경계점표지(점유경계)를 기준으로 한다.
지번별 조서 작성	지적소관청은 측량을 완료한 때 시행공고일 현재의 지적공부상 면적과 측량 후의 면적을 비교하여 변동사항을 표시한 지번별 조서를 작성한다.

청산 절차	① **m²당 가격 산출**: 지적소관청은 시행공고일 현재를 기준으로 그 축척변경시행지역 안의 토지에 대하여 지번별 m²당 가격을 미리 조사하여 축척변경위원회에 제출 ② 청산금의 공고(15일 이상) 및 열람 ③ 공고 후 20일 이내에 수령고지서·납부통지서 발부 ④ 납부고지 통지를 받은 자는 6개월 이내에 납부, 수령통지를 한 날부터 6개월 이내에 지급 ⑤ 이의신청은 통지받은 날부터 1개월 이내, 심의·의결도 1개월 이내 ⑥ **차액처리**: 지방자치단체의 수입 또는 비용으로 처리한다.
확정공고	① 청산금의 납부 및 지급이 완료되었을 때에는 지적소관청은 지체 없이 축척변경의 확정공고를 하여야 한다. ② 축척변경 확정공고일에 토지이동이 있는 것으로 본다.
지적정리	-
등기촉탁 및 소유자에게 통지	-

POINT 12 토지이동의 개시

01 토지이동의 결정

토지의 이동이 있을 때 토지소유자의 신청을 받아 지적소관청이 결정한다. 다만, 신청이 없으면 지적소관청이 직권으로 조사·측량하여 결정할 수 있다.

02 신청의 대위

다음에 해당하는 자는 토지소유자가 하여야 하는 신청을 대신할 수 있다. 다만, 법 제84조에 따른 등록사항 정정 대상토지는 제외한다.

① **공공사업시행자**: 공공사업 등에 따라 학교용지·도로·철도용지·제방·하천·구거·유지·수도용지 등의 지목으로 되는 토지인 경우

② **행정기관의 장 또는 지방자치단체장**: 국가나 지방자치단체가 취득하는 토지인 경우

③ **「집합건물의 소유 및 관리에 관한 법률」에 따른 관리인 또는 해당 사업의 시행자**:「주택법」에 따른 공동주택의 부지인 경우

④ **채권자**(「민법」제404조)

land.Hackers.com

03 토지이동신청의 특례

① 「도시개발법」에 따른 도시개발사업, 「농어촌정비법」에 따른 농어촌정비사업, 그 밖에 대통령령으로 정하는 토지개발사업(주택건설사업, 택지개발사업, 산업단지개발사업, 정비사업 등)의 시행자는 그 사업의 착수·변경 및 완료 사실을 그 사유가 발생한 날부터 15일 이내에 지적소관청에 신고하여야 한다.

② 사업과 관련하여 토지이동이 필요한 경우: 사업시행자가 지적소관청에 토지의 이동을 신청하여야 한다.

③ 주택건설사업의 시행자가 파산 등의 이유로 토지이동 신청을 할 수 없을 때: 그 주택의 시공을 보증한 자 또는 입주예정자가 신청할 수 있다.

④ 사업의 착수 또는 변경의 신고가 된 토지소유자가 해당 토지의 이동을 원하는 경우: 사업시행자에게 토지이동을 신청하도록 요청하여야 하며, 요청받은 시행자는 사업에 지장이 없다고 판단되면 지적소관청에 이동신청하여야 한다.

⑤ 토지이동은 토지의 형질변경 등의 공사가 준공된 때에 이루어진 것으로 본다.

POINT 13 지적정리 ★

01 지적공부의 정리 방법

① 토지이동으로 지적공부를 정리하고자 하는 경우: 토지이동정리결의서

② 소유권의 변동을 정리하고자 하는 경우: 소유자정리결의서

02 토지소유자의 정리

① 지적공부에 등록된 토지소유자의 변경사항: 등기관서에서 등기한 것을 증명하는 등기필증, 등기완료통지서, 등기사항증명서, 등기관서에서 제공한 등기전산정보자료에 따라 정리한다.

　✚ 신규등록하는 토지소유자: 지적소관청이 직접 조사하여 등록한다.

② 「국유재산법」 제2조 제10호에 따른 총괄청이나 같은 조 제11호에 따른 중앙관서의 장이 소유자 없는 부동산에 대한 소유자 등록을 신청하는 경우: 지적소관청은 지적공부에 토지소유자가 등록되지 아니한 경우에만 등록할 수 있다.

③ 등기부에 적혀 있는 토지의 표시가 지적공부와 일치하지 아니하는 경우: 토지소유자를 정리할 수 없다. 이 경우 토지의 표시와 지적공부가 일치하지 아니하다는 사실을 관할 등기관서에 통지하여야 한다.

land.Hackers.com

④ **지적소관청은 필요하다고 인정하는 경우**
- 관할 등기관서의 등기부를 열람하여 지적공부와 부동산등기부가 일치하는지 여부를 조사·확인하여야 한다.
- **불일치 사항 발견시**: 등기사항증명서 또는 등기관서에서 제공한 등기전산정보자료에 따라 지적공부를 직권으로 정리하거나, 토지소유자나 그 밖의 이해관계인에게 그 지적공부와 부동산등기부가 일치하게 하는 데에 필요한 신청 등을 하도록 요구할 수 있다.

⑤ **지적소관청 소속 공무원이 지적공부와 부동산등기부의 부합 여부를 확인하기 위하여 등기부를 열람하거나, 등기사항증명서의 발급을 신청하거나, 등기전산정보자료의 제공을 요청하는 경우**: 그 수수료는 무료로 한다.

03 등기촉탁

① **토지의 이동 사유로 인하여 토지표시의 변경에 관한 등기를 할 필요가 있는 경우**: 지적소관청은 지체 없이 관할 등기관서에 그 등기를 촉탁하여야 한다. 이 경우 그 등기촉탁은 국가가 자기를 위하여 하는 등기로 본다.

② 신규등록, 소유자정리시에는 등기촉탁 ×

04 지적정리 등의 통지

① **통지의 대상**: 지적소관청이 지적공부에 등록하거나 지적공부를 복구·말소 또는 등기촉탁을 한 때에는 해당 토지소유자에게 통지하여야 한다.

② **통지할 필요가 없는 경우**
- 소유자의 정리
- 소유자의 신청에 의한 토지이동정리

③ **통지의 시기**

변경등기 필요 ×	변경등기 필요 ○
지적공부에 등록한 날부터 7일 이내	등기완료의 통지서를 접수한 날부터 15일 이내

POINT 14 등록사항의 정정

01 토지표시의 정정

① 토지의 표시가 잘못되었음을 발견한 때
- 지적소관청은 지체 없이 등록사항 정정에 필요한 서류와 등록사항 정정 측량성과도를 작성하여야 한다.
- 토지이동정리결의서 작성 후 대장의 사유란에 "등록사항정정 대상토지"라고 적고, 토지소유자에게 등록사항 정정 신청을 할 수 있도록 그 사유를 통지하여야 한다.
- 다만, 지적소관청이 직권으로 정정할 수 있는 경우에는 토지소유자에게 통지를 하지 아니할 수 있다.

② 등록사항 정정 대상토지에 대한 대장을 열람하게 하거나 등본을 발급하는 때: "등록사항 정정 대상토지"라고 적은 부분을 흑백의 반전(反轉)으로 표시하거나 붉은색으로 적어야 한다.

02 토지표시의 직권정정 사유

① 토지이동정리결의서의 내용과 다르게 정리된 때
② 도면에 등록된 필지가 면적의 증감 없이 경계의 위치만 잘못 등록된 경우
③ 지적공부의 작성 또는 재작성 당시 잘못된 경우
④ 지적측량성과와 다르게 정리된 경우
⑤ 지적측량 적부심사 또는 재심사 의결서의 사본을 송부받은 지적소관청이 지적공부의 등록사항을 정정하여야 하는 경우
⑥ 지적공부의 등록사항이 잘못 입력된 경우

PART 01

⑦ 「부동산등기법」 제37조 제2항(토지의 합필제한)의 규정에 따라 등기신청을 각하하고 등기관이 그 사유를 지적소관청에 통지한 경우(지적소관청의 착오로 인한 경우로 한정)

⑧ 면적환산이 잘못된 경우

03 토지소유자의 신청에 의한 정정

① 토지소유자가 등록사항의 오류를 발견한 때: 지적소관청에 정정을 신청할 수 있다(사유에는 제한 ×).

② 오류정정으로 경계·면적이 변경될 경우: 인접지 토지소유자의 승낙서 및 이에 대항할 수 있는 확정판결서 정본에 의하여 정정하여야 한다.

04 토지소유자에 관한 사항의 정정

① 정정사항이 토지소유자에 관한 사항인 경우: 등기필증, 등기완료통지서, 등기사항증명서 또는 등기관서에서 제공한 등기전산정보자료에 따라 정정하여야 한다.

② 미등기토지 소유자에 관한 등록사항의 오류가 있을 때: 가족관계 기록사항에 관한 증명서에 따라 정정하여야 한다(직권정정은 불가능).

POINT 15 지적측량 대상

01 의의

① 지적측량이란 토지를 지적공부에 등록하거나 지적공부에 등록된 경계점을 지상에 복원할 목적으로 각 필지의 경계·좌표·면적을 정하는 측량을 말한다.
② 지적확정측량 및 지적재조사측량을 포함한다.

02 지적측량 대상

① 지적기준점을 정하는 경우
② 지적측량성과를 검사하는 경우
③ 지적공부를 복구하는 경우
④ 토지를 신규등록하는 경우
⑤ 토지를 등록전환하는 경우
⑥ 토지를 분할하는 경우
⑦ 바다가 된 토지의 등록을 말소하는 경우
⑧ 축척을 변경하는 경우
⑨ 지적공부의 등록사항을 정정하는 경우
⑩ 도시개발사업 등의 시행지역에서 토지의 이동이 있는 경우 (지적확정측량)

⑪ 「지적재조사에 관한 특별법」에 따른 지적재조사사업에 따라 토지의 이동이 있는 경우(지적재조사측량)

⑫ 경계점을 지상에 복원하는 경우(경계복원측량)

⑬ 지상건축물 등의 현황을 지적도 및 임야도에 등록된 경계와 대비하여 표시하는 데에 필요한 경우(지적현황측량)

✚ 합병 ×, 지목변경 ×

POINT 16 지적측량 절차

01 지적측량의 의뢰

토지소유자 등 이해관계인은 지적측량을 할 필요가 있는 경우에는 지적측량수행자에게 지적측량을 의뢰하여야 한다(검사측량과 지적재조사측량은 제외).

02 지적측량수행계획서 제출

지적측량수행자는 지적측량의뢰를 받은 때에는 측량기간·측량일자·측량수수료 등을 적은 지적측량수행계획서를 그 다음 날까지 지적소관청에 제출하여야 한다.

03 측량기간 및 측량검사기간

구분	측량기간	측량검사기간
기본	5일	4일
가산	① 지적기준점이 15점 이하인 경우: 4일을 가산 ② 지적기준점이 15점을 초과하는 경우: 4일 + 15점을 초과하는 4점마다 1일을 가산	좌동
합의	전체기간의 4분의 3	전체기간의 4분의 1

PART 01

04 지적측량의 검사

① 지적공부를 정리하지 아니하는 경계복원측량과 지적현황측량의 경우는 검사 불요

② 지적측량수행자는 측량성과에 관한 자료를 지적소관청에 제출하여 그 성과의 정확성에 관한 검사를 받아야 한다. 다만, 지적삼각점측량성과 및 국토교통부장관이 정하여 고시하는 면적규모 이상의 지적확정측량성과는 시·도지사 또는 대도시 시장의 검사를 받아야 한다.

05 지적측량성과도 교부

① **지적소관청**: 측량성과가 정확하다고 인정하면 지적측량성과도를 지적측량수행자에게 발급하여야 한다.

② **지적측량수행자**: 측량의뢰인에게 측량성과도를 지체 없이 발급하여야 한다.

➕ 검사를 받지 아니한 지적측량성과도는 측량의뢰인에게 발급 불가

land.Hackers.com

POINT 17 지적위원회 및 지적측량 적부심사

01 지적위원회

구분	중앙지적위원회	지방지적위원회
설치	국토교통부	시·도
위원장/부위원장	지적담당국장 / 지적과장	좌동
위원수	5인 이상 10인 이내	좌동
임기	2년(당연직 제외)	좌동
심의사항	① 지적 관련 정책 개발 및 업무 개선 등에 관한 사항 ② 지적측량기술의 연구·개발 및 보급에 관한 사항 ③ 지적측량 적부심사에 대한 재심사 ④ 측량기술자 중 지적분야 측량기술자의 양성에 관한 사항 ⑤ 지적기술자의 업무정지 처분 및 징계요구에 관한 사항	지적측량 적부심사 청구사항

02 지적측량 적부심사

① **지적측량성과에 대하여 다툼이 있는 경우**: 토지소유자, 이해관계인, 지적측량수행자는 대통령령으로 정하는 바에 따라 관할 시·도지사를 거쳐 지방지적위원회에 지적측량 적부심사를 청구할 수 있다.

② 지적측량 적부심사청구를 받은 시·도지사는 30일 이내에 지방지적위원회에 회부하여야 한다.

③ 지방지적위원회는 그 심사청구를 회부받은 날부터 60일 이내에 심의·의결하여야 한다. 다만, 부득이한 경우에는 의결을 거쳐 30일 이내에서 한 번만 연장할 수 있다.

④ 지방지적위원회는 지적측량 적부심사를 의결하였으면 지체 없이 의결서를 작성하여 시·도지사에게 송부하여야 한다.

⑤ 적부심사 의결서를 송부받은 시·도지사는 7일 이내에 적부심사청구인 및 이해관계인에게 통지하여야 한다.

⑥ 지방지적위원회의 의결에 불복하는 자는 그 의결서를 받은 날부터 90일 이내에 국토교통부장관을 거쳐 중앙지적위원회에 재심사를 청구할 수 있다.

PART 02
부동산등기법

▶ 기출 OX 문제

★ 최근 5개년 2~3회 기출
★★ 최근 5개년 4~5회 기출

POINT 18 등기사항

01 등기할 수 있는 물건

등기의 대상이 되는 부동산은 사권의 목적이 될 수 있는 토지와 건물에 한한다. 따라서 사권의 목적이 될 수 없는 공유수면하의 토지는 등기할 수 없다. 다만 「하천법」상 하천, 「도로법」상 도로는 공용제한은 있지만 사권의 목적이 되므로 등기가 가능하다.

등기할 수 있는 물건	등기할 수 없는 물건
① 「하천법」의 하천 ② 「도로법」상의 도로 ③ 방조제 ④ 농업용 고정식 유리온실 ⑤ 유류저장탱크, 사일로(silo), 비각 ⑥ 경량철골조 경량패널지붕 건축물 ⑦ 조적조 및 컨테이너구조의 슬레이트지붕주택 ⑧ 개방형 축사 ⑨ 규약상 공용부분	① 공유수면토지 ② 터널, 교량 ③ 방조제 부대시설 ④ 옥외풀장, 양어장 ⑤ 견본주택, 비닐하우스 ⑥ 경량철골조 혹은 조립식 패널구조의 건축물, 주유소 캐노피 ⑦ 컨테이너 ⑧ 구조상 공용부분

02 등기할 수 있는 권리

등기할 수 있는 권리	등기할 수 없는 권리
① 소유권　　② 지상권 ③ 지역권　　④ 전세권 ⑤ 저당권　　⑥ 권리질권 ⑦ 채권담보권　⑧ 임차권	① 점유권　　② 유치권 ③ 동산질권　　④ 분묘기지권 ⑤ 구분임차권　⑥ 사용대차권 ⑦ 주위토지통행권

03 등기없이 효력이 발생하는 물권변동

다음의 경우에는 등기가 없어도 물권의 변동이 발생한다. 다만, 처분하기 위해서는 등기를 하여야 한다.

① 상속(사망시): 상속과 같이 포괄적 승계가 발생하는 포괄유증, 합병의 경우에도 등기를 요하지 않는다. 단, 특정유증의 경우에는 특정승계이기 때문에 등기를 하여야 물권의 변동이 발생한다.

② 공용징수(수용한 날)

③ 판결(판결확정시): 형성판결만 의미. 확인 및 이행판결 ×

④ 경매(매각대금을 완납한 때)

⑤ 기타 법률의 규정: 건물신축, 공유수면매립 소유권취득, 존속기간만료시 용익물권소멸, 채권소멸시 담보물권소멸, 원인행위실효로 인한 물권복귀, 재단법인설립시 출연재산의 귀속 등 (단, 점유취득시효로 인한 소유권의 취득은 법률의 규정에 의한 물권취득이지만 예외적으로 등기를 하여야 권리 취득)

POINT 19 종국등기의 효력

01 권리변동적 효력(「민법」 제186조)

① 법률행위, 점유시효취득을 원인으로 하는 등기에는 물권변동의 효력이 발생한다.
  + 「민법」 제187조에 의한 물권변동시 하는 등기는 권리변동의 효력이 없다.
② 등기관이 등기를 마친 경우 그 등기는 접수한 때부터 효력이 발생한다. 따라서 물권변동의 효력은 접수한 때 발생한다.

02 대항력

① 의의: 등기함으로써 그 내용을 제3자에게 주장할 수 있는 효력
② 환매권, 임차권 등기

03 순위확정의 효력

① 동일한 부동산에 관하여 등기한 권리의 순위는 법률에 다른 규정이 없으면 등기한 순서에 따른다.

② 등기의 순서
- **같은 구에서 한 등기**: 순위번호에 따른다.
- **다른 구에서 한 등기**: 접수번호에 따른다.

③ **부기등기의 순위**: 주등기의 순위에 따른다. 다만, 같은 주등기에 관한 부기등기 상호간의 순위는 그 등기 순서에 따른다.

④ **가등기를 한 경우**: 본등기의 순위는 가등기의 순위에 따른다.

⑤ **말소회복등기의 순위**: 종전의 순위를 보유한다.

⑥ 구분건물의 대지권에 대한 등기로서의 효력이 있는 등기와 대지권의 목적인 토지의 등기기록 중 해당구에 한 등기의 순서는 접수번호에 따른다.

04 점유적 효력(시효기간 단축의 효력)

점유시효취득(「민법」 제245조 제1항)은 20년의 점유를, 등기부시효취득(같은 조 제2항)은 10년의 점유를 필요로 하는 바 그 차이 10년을 점유적 효력이라고 한다.

05 후등기 저지력(형식적 확정력)

현재 등기부상에 기록된 등기가 무효라 하더라도 그 등기를 말소하지 않고는 그 등기와 양립할 수 없는 등기를 할 수 없는 것을 후등기 저지력이라 한다.

06 권리 추정력

① 부동산의 표시등기, 가등기, 사망자 명의, 허무인명의의 등기는 추정력이 발생하지 않는다.
② **효과**: 추정은 반대증거에 의하여 뒤집을 수 있다. 이 경우 반대 주장하는 자가 입증 책임을 진다.
③ **범위**: 어느 등기가 되어 있으면 등기된 권리가 그 명의인에게 귀속(권리의 귀속 추정)하고, 그 등기는 적법한 절차에 의하여 적법한 등기원인으로 인하여 경료된 등기로 추정한다. 이러한 추정력은 그 등기의 당사자 사이에서도 발생한다.
④ **점유의 추정력**: 「민법」 제200조의 점유의 추정력은 등기된 부동산에는 인정하지 않는다.
⑤ **소유권보존등기의 추정력**: 소유권이 진실하게 보존되어 있다는 것만 추정력이 있고, 권리이전에 관하여는 추정력이 미치지 아니한다(판례). 다만, 「부동산소유권 이전등기 등에 관한 특별조치법」에 의한 소유권이전등기는 보통의 등기보다 더 강한 추정력을 인정한다.

POINT 20 등기부 등 ★

01 관할의 특례(시행 2025.1.31.)

① 관련 사건의 관할에 관한 특례

㉠ 관할 등기소가 다른 여러 개의 부동산과 관련하여 등기목적과 등기원인이 동일하거나 그 밖에 대법원규칙으로 정하는 등기신청이 있는 경우에는 그 중 하나의 관할 등기소에서 해당 신청에 따른 등기사무를 담당할 수 있다.

㉡ 등기관이 당사자의 신청이나 직권에 의한 등기를 하고 다른 부동산에 대하여 등기를 하여야 하는 경우에는 그 부동산의 관할 등기소가 다른 때에도 해당 등기를 할 수 있다.

② 상속·유증 사건의 관할에 관한 특례: 상속 또는 유증으로 인한 등기신청의 경우에는 부동산의 관할 등기소가 아닌 등기소도 그 신청에 따른 등기사무를 담당할 수 있다.

02 물적편성주의(1부동산 1등기기록의 원칙)

① 등기부를 편성할 때(원칙): 1필의 토지 또는 1개의 건물에 대하여 1개의 등기기록을 둔다.

② 예외: 1동의 건물을 구분한 건물에 있어서는 1동의 건물에 속하는 전부에 대하여 1개의 등기기록을 사용한다.

03 등기기록의 양식

① 등기기록의 종류

• 부동산의 표시에 관한 사항을 기록하는 표제부

- 소유권에 관한 사항을 기록하는 갑구(甲區)
- 소유권 외의 권리에 관한 사항을 기록하는 을구(乙區)

② **구분건물등기기록의 종류**
- 1동의 건물에 대한 표제부
- 전유부분마다 표제부, 갑구, 을구

04 장부의 보존 등

구분	전쟁, 천재지변 등	법원의 명령, 촉탁	압수, 수색영장
등기부	반출 ○	반출 ×	반출 ×
등기부의 부속서류	반출 ○	반출 ×	반출 ×
신청서나 그 밖의 부속서류	반출 ○	반출 ○	반출 ○

05 등기사항의 열람과 증명

구분	등기사항증명서	열람
등기기록	누구든지 신청	누구든지 신청
등기기록의 부속서류	×	이해관계부분

POINT 21 관공서 촉탁등기

01 촉탁등기 특칙

① 등기촉탁을 할 수 있는 관공서는 원칙적으로 국가 및 지방자치단체를 말한다. 국가 또는 지방자치단체가 아닌 공사 등은 등기촉탁에 관한 특별규정이 있는 경우에 한하여 등기촉탁을 할 수 있다.

② 본인이나 대리인의 출석을 요하지 아니하므로 우편에 의한 등기촉탁도 할 수 있다.

③ 촉탁은 신청과 실질적으로 아무런 차이가 없으므로, 촉탁에 의하지 아니하고 등기권리자와 등기의무자의 공동으로 등기를 신청할 수도 있다.

④ 국가 또는 지방자치단체가 등기권리자인 경우에는 국가 또는 지방자치단체는 등기의무자의 승낙을 받아 해당 등기를 지체 없이 등기소에 촉탁하여야 한다.

⑤ 국가 또는 지방자치단체가 등기의무자인 경우에는 국가 또는 지방자치단체는 등기권리자의 청구에 따라 지체 없이 해당 등기를 등기소에 촉탁하여야 한다.

⑥ 등기의무자의 권리에 관한 등기필정보를 제공할 필요가 없다. 이 경우 관공서가 촉탁에 의하지 아니하고 법무사 또는 변호사에게 위임하여 등기를 신청하는 경우에도 같다.

⑦ 관공서가 등기의무자인 경우 인감증명 불요

⑧ 관공서가 등기촉탁을 하는 경우에는 등기기록과 대장의 부동산표시가 일치하지 아니하더라도 그 등기촉탁을 수리하여야 한다.

land.Hackers.com

02 공매처분으로 인한 등기의 촉탁

관공서가 공매처분을 한 경우, 등기권리자의 청구를 받으면 지체 없이 다음의 등기를 등기소에 촉탁하여야 한다.
① 공매처분으로 인한 권리이전의 등기
② 공매처분으로 인하여 소멸한 권리등기의 말소
③ 체납처분에 관한 압류등기 및 공매공고등기의 말소

POINT 22 가처분등기

01 의의

① 다툼의 대상에 대한 가처분(계쟁물에 대한 가처분)은 채권자가 금전채권 이외의 물건이나 권리에 대한 청구권이 있을 때 그 강제집행시까지 계쟁물이 처분·멸실 되는 등 현상이 변경되는 것을 방지하고자 하는 집행보전제도이다.
② 청구권보전을 위한 제도임에는 가압류와 같으나, 청구권이 금전채권이 아니라는 점과 대상이 채무자의 일반재산이 아닌 특정 계쟁물이라는 점에서 가압류와 다르다.

02 가처분등기의 실행

① **집행법원의 촉탁이 있는 경우:** 해당구 사항란에 가처분결정의 기입등기를 하여야 한다.

② 소유권에 대한 가처분은 주등기로, 소유권 이외의 권리 및 소유권이전청구권가등기에 대한 가처분은 부기등기로 한다.

③ 등기관이 가처분등기를 할 때에는 가처분의 피보전권리와 금지사항을 기록하여야 한다.

④ **가처분의 피보전권리가 소유권 이외의 권리설정등기청구권으로서 소유명의인을 가처분채무자로 하는 경우:** 가처분등기를 등기기록 중 갑구에 한다.

03 가처분등기 이후의 등기의 말소[단독·동시신청]

① **처분금지가처분등기가 된 후 가처분채권자가 가처분채무자를 등기의무자로 하여 권리의 이전·말소·설정의 등기를 신청하는 경우:** 가처분등기 이후의 등기로서 가처분채권자의 권리를 침해하는 등기의 말소를 단독으로 신청할 수 있다.

② 다만, 다음의 등기는 말소하지 못한다.

- 가처분등기 전에 마쳐진 가압류에 의한 강제경매개시결정등기
- 가처분등기 전에 마쳐진 담보가등기, 전세권 및 저당권에 의한 임의경매개시결정등기
- 가처분채권자에게 대항할 수 있는 주택임차권등기 등

③ 등기관이 위 ①의 신청에 따라 가처분등기 이후의 등기를 말소할 때에는 직권으로 그 가처분등기도 말소하여야 한다.

POINT 23 직권에 의한 등기

구분	사유
직권보존등기	① 미등기부동산에 관하여 처분제한의 등기촉탁시 ② 미등기부동산에 관하여 임차권등기명령에 의한 임차권등기 촉탁시
직권변경등기	① 행정구역 또는 그 명칭이 변경된 경우 ② 지적소관청의 불일치통지에 의한 표시변경등기 ③ 소유권이전등기를 신청함에 있어 주소변경사실이 명백한 경우에 등기명의인의 주소변경등기
직권경정등기	등기관의 과오로 등기의 착오 또는 유루가 있는 때
직권말소등기	① 법 제29조 제1호·제2호 위반등기(절대무효의 등기) ② 환매권의 행사에 따른 환매특약등기의 말소등기 ③ 토지수용으로 인한 소유권 또는 소유권 이외의 권리의 말소등기 ④ 지상권(전세권)을 목적으로 하는 저당권이 있는 경우 그 지상권(전세권)을 말소한 경우의 저당권말소등기 ⑤ 가등기에 기한 본등기를 한 때 본등기와 저촉되는 중간처분등기의 말소등기

직권말소 회복등기	직권으로 말소한 등기는 직권회복
기타 등기	① 담보추가 뜻의 등기 ② 대지권이 있다는 뜻의 등기 ③ 요역지 지역권등기

POINT 24 등기신청의 당사자능력

01 의의

등기신청의 당사자능력이란 등기부상 권리자(등기명의인)가 될 수 있는 자격을 뜻한다.

02 자연인

① **원칙**: 의사능력, 행위능력을 불문하고 누구나 인정
② **태아**: 태아의 권리능력 취득시기에 대한 정지조건설(판례)에 의하면 태아의 등기신청의 당사자능력 부정
③ **외국인**: 상호주의에 의해 긍정

03 법인

① 사법인, 공법인 불문하고 인정
② **국가·지방자치단체**: 공법인으로서 등기신청의 당사자능력 긍정
③ **읍·면·동**
  - 독립한 지방자치단체가 아니므로 당사자능력 부정
  - 다만 법인 아닌 사단·재단도 대표자 또는 관리인이 있으면 당사자가 될 수 있으므로, 자연부락(동, 리)이 그 부락주민을 구성원으로 하여 의사결정기관, 대표자를 두어 독자적으로 활동하는 조직체라면 비법인사단으로서 당사자능력 긍정 (대판 1999.1.29, 98다33512).

04 권리능력 없는 사단·재단

① 종중, 문중, 그 밖에 대표자나 관리인이 있는 법인 아닌 사단이나 재단에 속하는 부동산의 등기에 관하여는 그 사단이나 재단을 등기권리자 또는 등기의무자로 한다.

② 위 등기는 그 사단이나 재단의 명의로 그 대표자나 관리인이 신청한다.

05 「민법」상 조합

법인으로서 실질이 인정되지 않으므로 등기신청의 당사자능력이 부정된다. 이 경우 조합원 전원 명의로 등기(합유등기)를 하여야 한다.

06 학교

학교 자체는 법인이 될 수 없으므로 등기신청의 당사자능력이 부정된다.

✚ **사립학교**: 학교재단 명의로 등기

✚ **공립학교**: 지방자치단체 명의로 등기

POINT 25 등기권리자와 등기의무자

01 의의

등기는 법률에 다른 규정이 없는 경우에는 등기권리자와 등기의무자가 공동으로 신청한다.

구분	절차법상 개념	실체법상 개념
등기권리자	등기부상 명의인이 되는 자(이익)	등기청구권을 가지는 자
등기의무자	등기부상 권리상실자 (불이익)	등기청구권에 협력의무자

02 절차법상의 개념과 실체법상의 개념이 일치하지 않는 경우

① 매도인이 실체법상의 등기인수청구권을 행사하여 판결에 의하여 매수인 앞으로 단독으로 소유권이전등기를 신청하는 경우
  - 실체법상 등기권리자: 매도인
  - 절차법상 등기권리자: 그 명의인이 되는 매수인
② 채무자명의의 소유권이전등기를 채권자가 대위신청하는 경우
  - 실체법상 등기권리자: 채권자
  - 절차법상 등기권리자: 그 명의인이 되는 채무자

03 등기권리자와 등기의무자의 판단

① **환매등기**: 매도인이 등기권리자, 매수인이 등기의무자

② **환매권실행의 등기**: 환매권자가 등기권리자, 현재의 소유권명의인이 등기의무자

③ **본등기**: 가등기권리자가 등기권리자, 가등기 당시의 소유자가 등기의무자(현재의 소유명의인 ×)

④ **저당권설정등기의 말소등기를 함에 있어서 저당권설정 후 소유권이 제3자에게 이전된 경우**: 저당권설정자 또는 제3취득자가 저당권자와 공동으로 그 말소등기 신청 가능(원인무효로 인한 말소의 경우에는 저당권설정자 신청 ×)

⑤ **적법한 제한물권의 등기를 설정자가 불법말소한 후 소유권을 제3자에게 이전한 경우**: 제한물권자는 말소회복등기의 등기권리자이고 말소될 당시의 소유자가 등기의무자이므로 제한물권자는 당초의 소유자를 상대로 말소회복청구를 하여야 한다.

⑥ **저당권변경등기(채무자변경)**: 저당권자가 등기권리자, 저당권설정자가 등기의무자(채무인수인은 등기의 당사자 ×)

⑦ **지역권설정등기**: 등기권리자는 요역지소유자, 등기의무자는 승역지소유자

⑧ **전세금증액의 전세권변경등기**: 등기권리자는 전세권자, 등기의무자는 전세권설정자

⑨ **전세금감액의 전세권변경등기**: 등기권리자는 전세권설정자, 등기의무자는 전세권자

POINT 26 단독신청등기

① **소유권보존등기 또는 소유권보존등기의 말소등기**: 등기명의인으로 될 자 또는 등기명의인의 단독신청

② **상속, 법인의 합병, 그 밖에 대법원규칙으로 정하는 포괄승계(법인의 분할로 인하여 분할 전 법인이 소멸하는 경우 등)에 따른 등기**: 등기권리자의 단독신청

③ **등기절차의 이행·인수를 명하는 판결에 의한 등기**: 승소한 등기권리자 또는 등기의무자의 단독신청

④ **공유물을 분할하는 판결에 의한 등기**: 등기권리자 또는 등기의무자의 단독신청

⑤ **부동산표시의 변경·경정(更正)등기**: 소유권의 등기명의인의 단독신청

⑥ **등기명의인표시의 변경·경정등기**: 해당 권리의 등기명의인의 단독신청

⑦ 가등기 및 그 말소등기

⑧ 수용으로 인한 소유권이전등기

⑨ 사망 등으로 인한 권리의 소멸과 말소등기

⑩ 등기의무자의 소재불명과 말소등기

⑪ 혼동으로 소멸한 권리의 말소등기

⑫ **신탁재산에 속하는 부동산의 신탁등기**: 수탁자의 단독신청

⑬ 규약상 공용부분의 등기와 규약폐지에 따른 등기

⑭ 가처분에 의한 실효등기의 말소

POINT 27 제3자의 등기신청

01 대리인에 의한 신청

① 방문신청의 대리는 누구든지 할 수 있으나, 전자신청의 대리는 자격자대리인(변호사, 법무사)만 가능
② 자기계약 쌍방대리 가능
③ 등기신청의 대리권은 신청서의 접수시까지 있으면 된다.
④ 제한능력자도 대리신청 가능

02 포괄승계인에 의한 등기신청

① **등기원인이 발생한 후 등기권리자 또는 등기의무자에 대하여 상속이나 그 밖의 포괄승계가 있는 경우**: 상속인이나 그 밖의 포괄승계인이 그 등기를 신청할 수 있다.
② **중간생략등기 허용**: 상속 등 포괄승계에 따른 등기를 거칠 필요 없이 피승계인에서 상대방으로 바로 등기를 실행한다.
③ **포괄승계인이 등기신청을 하는 경우**: 신청정보의 등기의무자의 표시가 등기기록과 일치하지 않더라도 각하하지 않는다.

03 대위등기신청

① **채권자대위신청**
  • 채권자는 자기 채권을 보전하기 위해 채무자의 등기신청권을 채권자 이름으로 대위신청이 가능하다(이 경우 채권자의 채권은 특정채권이든 금전채권이든 모두 포함, 채무자의 무자력은 요건 ×).

land.Hackers.com

- 대위할 수 있는 등기는 채무자에게 손해가 아니어야 한다(채무자가 등기권리자이거나, 권리에 영향이 없는 중성적 등기).
- 등기관은 등기가 완료된 때에 채무자(등기권리자) 및 채권자(등기신청인)에게 등기완료 통지를 한다.
- 채권자의 채권자가 대위권을 행사할 수 있다(대위의 대위).
- 대위에 의하여 등기를 실행할 경우에는 그 등기에 대위자와 대위자의 주소, 대위 원인을 함께 기록한다(주민등록번호 ×).

② **구분건물소유자의 대위신청**
- **구분건물의 표시등기의 대위**: 구분건물 소유자 중 일부가 보존등기를 신청하는 경우 다른 구분건물의 표시등기를 대위하여 신청(권리등기는 대위신청 ×)
- **건물의 신축으로 인하여 비구분건물이 구분건물로 된 경우**: 신축건물의 소유권보존등기는 다른 건물의 표시변경등기와 동시에 신청하여야 하며, 이 경우 건물소유자는 다른 건물의 소유자를 대위하여 건물의 표시변경등기를 신청

③ **건물멸실등기의 대위신청**: 대지소유자가 건물멸실등기를 대위하여 신청할 수 있다.

④ **토지수용에 의한 등기신청시의 대위**: 사업시행자가 등기명의인의 표시변경 또는 상속으로 인한 소유권이전등기를 대위하여 신청할 수 있다.

⑤ **신탁에 의한 대위신청**: 위탁자 또는 수익자가 수탁자를 대위하여 신탁등기를 신청할 수 있다.

POINT 28 등기신청정보 ★

01 1건 1신청주의 원칙

① 등기의 신청은 1건당 1개의 부동산에 관한 신청정보를 제공하는 방법으로 하여야 하는 것이 원칙이다.

② 예외(일괄신청)
- 등기목적과 등기원인이 동일한 경우
- 같은 채권의 담보를 위하여 소유자가 다른 여러 개의 부동산에 대한 저당권설정등기를 신청하는 경우
- 공매처분으로 인한 등기를 촉탁하는 경우
- 매각으로 인한 등기를 촉탁하는 경우
- 신탁등기의 신청

02 필요적 신청정보 내용

① **부동산의 표시에 관한 사항**
- **토지:** 소재, 지번, 지목, 면적을 기록
- **건물:** 소재, 지번, 건물명칭(건축물대장에 건물명칭이 있는 경우만), 구조, 종류, 면적, 1필지 또는 수필지상 수 개의 건물이 있는 때에는 건물의 번호, 부속건물이 있는 때에는 그것의 구조, 종류, 면적을 기록
- **구분건물:** 1동 건물의 소재와 지번(구분건물에 대하여 소재와 지번은 기록 ×)

land.Hackers.com

② 신청인에 관한 사항

구분	신청정보내용	등기부 기록
자연인	성명, 주소, 주민등록번호	○
법인의 대표자	성명, 주소	×
비법인 사단·재단의 대표자	성명, 주소, 주민등록번호	○
대리인	성명, 주소	×
대위자	성명, 주소	○

③ 등기원인과 그 연월일
④ 등기의 목적(등기의 내용 및 종류)
⑤ 등기필정보(다만, 공동신청 또는 승소한 등기의무자의 단독신청에 의하여 권리에 관한 등기를 신청하는 경우로 한정)
⑥ 관할 등기소의 표시
⑦ 신청서를 제공하는 연월일
⑧ 매매에 관한 거래계약서를 등기원인을 증명하는 서면으로 하여 소유권이전등기를 신청하는 경우에는 거래신고필증에 기록된 거래가액
⑨ 취득세 등 기타사항

POINT 29 등기필정보 ★

01 의의

① 등기필정보는 등기부에 새로운 권리자가 기록되는 경우 그 권리자를 확인하기 위하여 등기관이 작성한 정보를 말한다.

② 등기관이 새로운 등기를 마쳤을 때에는 등기필정보를 작성하여 등기권리자에게 통지하여야 한다.

③ 등기필정보를 받은 등기권리자는 나중에 등기의무자로서 권리에 관한 등기를 신청하는 경우에 전에 통지받은 등기필정보를 제공하여야 한다.

02 등기필정보의 작성

등기관이 새로운 권리에 관한 등기를 마쳤을 때에는 등기필정보를 작성하여 등기권리자에게 통지하여야 한다. 다만, 다음의 어느 하나에 해당하는 경우에는 그러하지 아니하다.

① 국가 또는 지방자치단체가 등기권리자인 경우

② 승소한 등기의무자가 등기신청을 한 경우

③ 등기권리자를 대위하여 등기신청을 한 경우

④ 등기관이 직권으로 소유권보존등기를 한 경우

⑤ 공유자 중 일부가 공유물의 보존행위로서 공유자 전원을 등기권리자로 하여 권리에 관한 등기를 신청한 경우

⑥ 등기권리자가 등기필정보의 통지를 원하지 아니하는 경우

⑦ 등기필정보를 전산정보처리조직으로 통지받아야 할 자가 수신이 가능한 때부터 3개월 이내에 전산정보처리조직을 이용하여 수신하지 않은 경우

⑧ 등기필정보통지서를 수령할 자가 등기를 마친 때부터 3개월 이내에 그 서면을 수령하지 않은 경우

03 등기필정보의 제공

① 공동신청 또는 승소한 등기의무자의 단독신청에 의하여 권리에 관한 등기를 신청하는 경우에만 제공한다.

② 제공 불요
- 단독신청의 등기
- 관공서의 촉탁등기

04 등기필증(등기필정보) 멸실시 대체 방법(확인제도)

등기필증(등기필정보)은 절대 재교부하지 않으며 이를 분실한 경우 다음과 같은 방법으로 등기를 신청한다.

① 등기의무자 또는 법정대리인이 등기소에 출석하여 확인조서 작성
② 대리인이 변호사나 법무사일 때: 확인정보 작성·제공
③ 대리인이 변호사나 법무사가 아닐 때: 공증서면부본 1통 제공
④ 이와 같은 방법으로 등기를 경료한 경우 등기관은 등기완료 후 등기의무자에게 등기완료의 통지를 하여야 한다.

POINT 30 기타 첨부정보

01 부동산등기용 등록번호

구분	증명정보	부여기관
국가, 지방자치단체, 외국정부, 국제기관	제공 불요	국토교통부장관 지정, 고시
법인	법인등기사항 증명서	주된 사무소 소재지 관할 등기소 등기관
법인 아닌 사단 · 재단	등기용등록번호 증명서	시장, 군수, 구청장 (관할 ×)
외국인	등기용등록번호 증명서	체류지를 관할하는 지방 출입국 · 외국인관서의 장
재외국민	등기용등록번호 증명서	대법원 소재지 관할등기 소 등기관

02 건물의 도면 또는 지적도

① 건물소유권보존등기(토지 ×, 건축물대장정보를 제공한 경우는 도면 불요)
- 구분건물의 소유권보존등기를 신청하는 경우
- 1필지 또는 수필지상에 수 개의 건물소유권보존등기를 신청하는 경우

② 부동산의 일부에 용익권등기를 신청하는 경우(건물특정층 전부인 경우에는 불요)

03 거래신고필증과 매매목록

① **거래신고필증**: 매매에 관한 거래계약서를 등기원인을 증명하는 정보로 하여 소유권이전등기를 신청하는 경우
② **매매목록**: 1개의 신고필증에 2개 이상의 부동산이 기록되어 있는 경우 또는 수인과 수인 사이의 거래인 경우

04 별표 아닌 사건의 등기신청시 첨부정보

구분	등기권리자 일 경우	등기의무자 일 경우
정관 기타 규약	○	○
대표자 또는 관리인임을 증명하는 정보(등기되어 있는 경우 대표자등록증명)	○	○
대표자 또는 관리인의 주소 및 주민등록번호를 증명하는 정보	○	○
사원총회결의서	×	○(법인아닌 재단)
대표자 또는 관리인의 인감증명	×	○
부동산등기용등록번호증명정보	○	×

POINT 31 등기신청의 각하

01 각하사유

① 사건이 그 등기소의 관할이 아닌 경우
② **사건이 등기할 것이 아닌 경우**
  - 등기능력 없는 물건 또는 권리에 대한 등기를 신청한 경우
  - 법령에 근거가 없는 특약사항의 등기를 신청한 경우
  - 구분건물의 전유부분과 대지사용권의 분리처분 금지에 위반한 등기를 신청한 경우
  - 농지를 전세권설정의 목적으로 하는 등기를 신청한 경우
  - 저당권을 피담보채권과 분리하여 양도하거나, 피담보채권과 분리하여 다른 채권의 담보로 하는 등기를 신청한 경우
  - 일부지분에 대한 소유권보존등기를 신청한 경우
  - 공동상속인 중 일부가 자신의 상속지분만에 대한 상속등기를 신청한 경우
  - 관공서 또는 법원의 촉탁으로 실행되어야 할 등기를 신청한 경우
  - 이미 보존등기 된 부동산에 대하여 다시 보존등기를 신청한 경우
  - 그 밖에 신청 취지 자체에 의하여 법률상 허용될 수 없음이 명백한 등기를 신청한 경우
③ 신청할 권한이 없는 자가 신청한 경우
④ 「부동산등기법」 제24조 제1항 제1호에 따라 등기를 신청할 때에 당사자나 그 대리인이 출석하지 아니한 경우

⑤ 신청정보의 제공이 대법원규칙으로 정한 방식에 맞지 아니한 경우

⑥ 신청정보의 부동산 또는 등기의 목적인 권리의 표시가 등기기록과 일치하지 아니한 경우

⑦ 신청정보의 등기의무자의 표시가 등기기록과 일치하지 아니한 경우. 다만, 다음 어느 하나에 해당하는 경우는 제외한다.

  ㉠ 제27조에 따라 포괄승계인이 등기신청을 하는 경우

  ㉡ 신청정보와 등기기록의 등기의무자가 동일인임을 대법원규칙으로 정하는 바에 따라 확인할 수 있는 경우

⑧ 신청정보와 등기원인을 증명하는 정보가 일치하지 아니한 경우

⑨ 등기에 필요한 첨부정보를 제공하지 아니한 경우

⑩ 취득세, 등록면허세 또는 수수료를 내지 아니하거나 등기신청과 관련하여 다른 법률에 따라 부과된 의무를 이행하지 아니한 경우

⑪ 신청정보 또는 등기기록의 부동산의 표시가 토지대장·임야대장 또는 건축물대장과 일치하지 아니한 경우(촉탁등기는 제외)

---

02 「부동산등기법」 제29조 각하사유를 간과하고 실행한 등기의 효력

구분	등기의 효력	직권말소	이의신청
법 제29조 제1호·제2호 위반	절대(당연)무효	가능	가능
법 제29조 제3호 이하의 위반	실체관계 부합 여부에 따라 결정	불가	불가

POINT 32 소유권보존등기

01 의의

① 아직 소유권의 등기가 되어 있지 아니한 미등기부동산에 관하여 새로이 등기기록을 개설하는 등기이다.
② 등기관이 소유권보존등기를 할 때에는 등기원인과 그 연월일을 기록하지 아니한다.

02 소유권보존등기의 신청인(단독신청)

① 토지대장, 임야대장 또는 건축물대장에 최초의 소유자로 등록되어 있는 자 또는 그 상속인, 그 밖의 포괄승계인(합병 후 법인, 포괄수증자 포함)
② 확정판결에 의하여 자기의 소유권을 증명하는 자
③ 수용으로 인하여 소유권을 취득하였음을 증명하는 자
④ 특별자치도지사·시장·군수 또는 구청장(자치구의 구청장)의 확인에 의하여 자기의 소유권을 증명하는 자(건물의 경우로 한정)

03 직권보존등기를 할 수 있는 경우

① 미등기부동산에 대하여 법원의 소유권의 처분제한 등기의 촉탁 (가압류, 가처분, 강제경매개시결정등기, 임차권등기명령에 따른 임차권등기)이 있는 경우

② 세무관서의 압류등기촉탁은 직권보존등기사유가 아니다.

③ 법원의 처분제한등기 말소촉탁이 있어도 소유권보존등기를 말소하지 않는다.

④ 건축물대장이 생성되어 있지 않은 경우라도 직권보존등기는 가능하다.

POINT 33 공동소유등기

구분	등기	내용
공유	공유등기 (지분등기)	① 소유권의 일부에 관한 이전등기를 할 때, 등기원인에 공유물분할금지약정이 있으면 그 약정에 관한 사항도 기록하여야 한다(부기등기). ② 공유물분할금지약정의 변경등기는 공유자 전원이 공동으로 신청하여야 한다. ③ 구분소유적 공유관계에 있는 1필의 토지를 특정된 부분대로 단독소유하려면, 분필등기한 후 공유자 상호간에 명의신탁해지를 원인으로 하는 지분소유권이전등기를 신청한다. ④ 공유자 중 1인의 지분포기로 인한 소유권이전등기는 공동으로 신청하여야 한다.
합유	합유등기 (지분등기 ×)	① 조합원, 수인의 수탁자 ② 합유자 수의 증감이 있는 것은 합유명의인 변경등기(일부이전 ×)
총유	총유등기 ×	① 비법인사단의 구성원의 공동소유 ② 총유는 비법인사단명의의 단독소유로 등기

POINT 34 소유권이전등기

등기원인	신청	특징
계약	공동신청	① 검인 ② 등기신청의무(60일)
수용	단독신청	① 원인일자는 수용개시일(재결일 ×) ② 수용등기시 다른 권리의 직권말소 • 소유권 또는 소유권 이외의 권리등기는 직권 말소 • **예외:** 요역지 지역권, 재결로 존속이 인정된 권리, 수용이전의 소유권이전등기 ③ 재결실효로 인한 소유권이전등기의 말소는 공동신청
진정 명의회복	공동신청	① 등기원인은 '진정명의회복', 등기원인일자 × ② 토지거래허가증 또는 농지취득자격증명 제출 불요
상속	단독신청	① 상속인이 수인인 경우에는 공동상속인 전원 또는 공동상속인 중 1인이 전원을 위하여 전원명의의 상속등기를 신청 가능 ② 공동상속인 중 1인이 자기 지분만에 관한 상속등기 ×

land.Hackers.com

		③ 협의분할에 의한 상속등기의 원인일자는 상속개시일(분할협의일 ×) ④ 상속등기 후 협의분할시는 경정등기 가능. 이 경우 원인일자는 분할협의일
유증	공동신청	① 수증자를 등기권리자, 유언집행자 또는 상속인을 등기의무자로 하여 공동신청 ② 원인일자는 유증자가 사망한 날을 기록. 단, 유증에 조건 또는 기한이 붙은 경우 그 조건이 성취한 날 또는 그 기한이 도래한 날을 기록 ③ 포괄유증·특정유증을 불문하고 상속등기를 거치지 않고 유증자로부터 직접 수증자명의로 등기신청 ④ 유증의 부동산이 미등기인 경우에는 포괄적 수증자가 단독으로 소유권보존등기 신청 가능. 단, 특정유증을 받은 자는 유언집행자가 상속인 명의로 소유권보존등기를 마친 후 유증을 원인으로 한 소유권이전등기를 신청하여야 함 ⑤ 유언자가 생존 중인 경우 유증원인의 가등기 불가능 ⑥ 유류분을 침해하는 등기신청이라도 이를 수리

POINT 35 환매특약등기 ★

동시신청	① 소유권이전등기신청과 동시신청 ② 소유권이전등기신청서와 별개 신청정보 제공
신청인	매도인이 등기권리자가 되고 매수인이 등기의무자가 된다.
신청정보 내용	① **필요적 정보**: 매매대금, 매매비용 ② **임의적 정보**: 환매기간
첨부정보	등기의무자의 등기필정보와 인감증명서 불요
등기의 실행	소유권이전등기에 부기등기로 실행
환매권 말소등기	① **신청말소**: 환매권의 행사 이외의 사유로 환매권이 소멸하는 경우에는 공동신청 말소 ② **직권말소**: 환매권을 행사하여 소유권이전등기를 할 때 환매등기는 직권말소
환매권 행사	환매권의 행사로 인한 소유권이전등기시 매도인 또는 환매권의 양수인이 등기권리자이고 매수인 또는 제3취득자가 등기의무자로서 공동신청

land.Hackers.com

POINT 36 신탁등기

일괄신청	권리의 이전 또는 보존등기의 신청과 함께 1건의 신청정보로 일괄하여 하여야 한다.
단독신청	① 신탁등기는 수탁자가 단독으로 신청 ② 신탁등기의 말소등기는 수탁자가 단독신청 ③ 수탁자의 임무가 종료된 경우 신수탁자는 단독으로 권리이전등기를 신청
대위등기	신탁등기를 수탁자가 안하면 위탁자 또는 수익자가 대위하여 신탁등기신청(동시신청의무 ×)
신탁원부 기록의 변경등기	① 법원은 신탁에 관한 재판을 한 경우 지체 없이 신탁원부 기록의 변경등기를 등기소에 촉탁하여야 한다. ② 등기관이 신탁재산에 속하는 부동산에 관한 권리에 대하여 수탁자의 변경으로 인한 이전등기, 여러 명의 수탁자 중 1인의 임무 종료로 인한 변경등기 등을 할 경우에는 직권으로 그 부동산에 관한 신탁원부 기록의 변경등기를 하여야 한다.

등기의 실행	① 권리의 이전 또는 보존등기와 함께 신탁등기를 할 때에는 하나의 순위번호를 사용 ② 등기관이 신탁등기를 할 때에는 신탁원부를 작성하고, 등기기록에는 그 신탁원부의 번호 및 신탁재산에 속하는 부동산의 거래에 관한 주의사항을 신탁등기에 부기등기로 기록하여야 한다. ③ 신탁재산이 수탁자의 고유재산이 되었을 때에는 그 뜻의 등기를 주등기로 하여야 한다. ④ 수탁자가 수인인 경우에 합유로 한다.

POINT 37 용익권등기 ★★

01 지상권등기

① 필요적 등기사항
- 지상권 설정의 목적
- 지상권 설정의 범위

② 임의적 등기사항
- 존속기간(불확정 기간도 무방)
- 지료, 지료의 지급시기 등

③ 구분지상권을 등기신청하는 경우 지하 또는 지상에서의 상하의 범위를 반드시 기록하여야 한다(도면 불요).

02 지역권등기

① 요역지소유자가 등기권리자, 승역지소유자가 등기의무자가 되어 공동신청한다.

② **필요적 등기사항(권리자 및 지료는 등기사항 아님)**
- 요역지 표시
- 지역권 설정의 목적
- 범위

③ **등기관이 승역지에 지역권설정의 등기를 하였을 때: 직권**으로 요역지의 등기기록에 등기하여야 한다.

④ 지역권은 요역지 소유권에 부종한다. 따라서 요역지의 소유권이전등기가 있으면 지역권이전등기 없이도 지역권은 이전된다.

03 전세권등기

① 필요적 등기사항
- 전세금 또는 전전세금
- 범위

② 임의적 등기사항
- 존속기간
- 위약금 또는 배상금
- 전세권의 양도 등 금지특약

③ 전세금반환채권의 일부양도를 원인으로 한 전세권일부이전등기신청은 전세권의 존속기간 만료 전에는 할 수 없다(단, 존속기간 만료 전이라도 해당 전세권이 소멸하였음을 증명하여 신청하는 경우 제외).

④ 등기관이 전세금반환채권의 일부양도를 원인으로 한 전세권일부이전등기를 할 때: 양도액을 기록

04 임차권등기

① 필요적 등기사항
- 차임
- 범위

② 임의적 등기사항
- 존속기간
- 차임지급시기
- 임차보증금
- 임차권의 양도 또는 임차물의 전대에 대한 임대인의 동의

③ 임대차 존속기간이 만료된 경우 · 임차권등기명령을 원인으로 한 주택임차권등기 및 상가건물임차권등기가 경료된 경우: 그 등기에 기초한 임차권이전등기나 임차물전대등기를 할 수 없다.

POINT 38 담보권등기

01 저당권의 설정등기

① 저당권의 목적이 될 수 있는 것은 소유권, 지상권, 전세권이다.
② 저당권은 부동산의 일부에는 설정할 수 없으나 지분에는 설정할 수 있다.
③ **필요적 등기사항**: 채권액(채권평가액), 채무자의 성명 또는 명칭과 주소 또는 사무소 소재지
④ **임의적 등기사항**: 변제기, 이자 및 그 발생기·지급시기, 원본 또는 이자의 지급장소, 채무불이행으로 인한 손해배상에 관한 약정, 효력범위 제한에 관한 약정, 채권의 조건
⑤ 「민법」상 조합은 등기능력이 없는 것이므로 이러한 조합 자체를 채무자로 표시하여 근저당권설정등기를 할 수는 없다.

02 저당권말소등기

① 설정자가 등기권리자, 저당권자가 등기의무자가 되어 공동신청한다.
② **저당권설정 후 소유권이 제3자에게 이전된 경우**: 저당권설정자 또는 제3취득자가 저당권자와 공동으로 그 말소등기를 신청할 수 있다.
③ **저당권이 이전된 후 말소하는 경우**: 저당권의 양수인만이 등기의무자이다. 이 경우 저당권이전등기필증을 첨부하여야 한다(설정등기필증 ×).
④ **저당권이 이전된 후 말소를 신청하는 경우**: 설정등기의 말소를 신청한다(주등기인 설정등기를 말소하면 저당권이전의 부기등기는 직권말소).

03 공동저당에 관한 등기

① **창설적 공동저당**: 각 부동산의 등기기록 중 해당 등기의 끝부분에 공동담보라는 뜻의 기록을 해야 한다.
② **추가적 공동저당**: 등기를 할 때에는 종전에 등기한 부동산과 같이 공동담보인 뜻을 기록하고 종전의 등기에도 같은 뜻을 직권으로 부기등기한다.
③ 공동저당의 목적이 5개 이상일 때 등기관은 공동담보목록을 작성하여야 한다(신청인 제출 ×). 공동담보목록은 등기부의 일부로 본다.

04 공동저당의 대위등기

① 공동저당이 설정되어 있으며 채권자가 그 중 일부 부동산에 대하여만 저당권을 실행하여 채권 전부를 변제받은 경우
   - 후순위 권리자는 공동담보로 제공된 다른 부동산에 대하여 선순위자를 대위하여 저당권을 행사할 수 있다(「민법」 제368조 제2항).
   - 이는 성질상 법률규정에 의한 권리의 이전이다.
② 선순위권리자가 등기의무자, 대위자(후순위권리자)가 등기권리자로서 공동신청한다.
③ 대위등기의 목적이 된 저당권등기에 부기등기로 한다.
④ 등기사항
   - 매각 부동산
   - 매각대금
   - 선순위 저당권자가 변제받은 금액
   - 대위자의 권리내용

05 근저당권에 관한 등기

① **필요적 등기사항**: 채권의 최고액, 채무자의 성명과 주소
② **임의적 등기사항**: 저당권의 효력의 범위, 존속기간(변제기 ×, 이자 ×)
③ 채권최고액은 반드시 단일하게 기록(채권자 또는 채무자가 수인 일지라도 이를 구분기록 ×)

06 권리질권(채권담보권)의 등기

① 저당권부채권에 대한 질권의 등기는 부기등기로 한다.
② 등기사항
  • 채권액 또는 채권최고액
  • 채무자의 성명 또는 명칭, 주소 또는 사무소 소재지
  • 변제기와 이자의 약정이 있는 경우에는 그 내용

07 각 권리별 등기사항

구분	(특수)필요적 등기사항	임의적 등기사항
지상권 등기	① 목적 ② 범위	③ 존속기간 ④ 지료와 지급시기 ⑤ 구분지상권의 행사를 위하여 토지의 사용을 제한하는 약정

지역권 등기 (승역지)	① 목적 ② 범위 ③ 요역지	④ 부종성배제특약 ⑤ 용수지역권 특약 ➕ 지료 ×
전세권 등기	① 전세금(전전세금) ② 범위 ➕ 목적 ×	③ 존속기간 ④ 위약금 또는 배상금 ⑤ 처분제한(양도금지) 특약
임차권 등기	① 차임 ② 범위	③ 차임지급시기 ④ 존속기간 ⑤ 임차보증금 ⑥ 임차권의 양도 또는 임차물의 전대에 대한 임대인의 동의
저당권 등기	① 채권액 ② 채무자 성명, 주소	③ 변제기 ④ 이자 및 그 발생기 · 지급시기 ⑤ 원본 또는 이자의 지급장소 ⑥ 채무불이행으로 인한 손해배상에 관한 약정 ⑦ 저당권의 효력범위에 관한 약정 ⑧ 채권의 조건
근저당권 등기	① 채권의 최고액 ② 채무자 성명, 주소	③ 근저당권의 효력범위에 관한 약정 ④ 존속기간

POINT 39 변경등기

01 표제부의 변경등기

① 소유권명의인이 단독신청한다.

② 언제나 주등기이다.

③ 1개월 이내에 등기신청의무가 있다.

02 권리의 변경등기

① **의의**: 등기된 권리의 내용에 변경이 생긴 경우에 하는 등기이다.

➕ 권리의 존속기간의 신축, 지료 또는 차임의 증감이나 지급기일의 변경, 저당권의 피담보채권액·전세금의 증감, 이율의 변경 등

② **등기의 실행**

• **부기등기로 하는 경우**: 등기상 이해관계인이 없거나 이해관계인이 있더라도 이해관계인의 승낙서 또는 이에 대항할 수 있는 재판의 등본을 첨부한 때에는 부기등기로 한다(변경 전 등기사항은 말소 ○).

• **주등기로 하는 경우**: 등기상 이해관계인이 있음에도 불구하고 승낙서 또는 이에 대항할 수 있는 재판의 등본을 첨부하지 못한 경우에는 주등기로 한다(변경 전 등기사항은 말소 ×).

03 등기명의인표시의 변경등기

① **의의**: 등기명의인의 성명, 주소, 주민등록번호 등이 등기 후 변경됨으로써 이를 실체관계와 부합하게 시정하는 등기를 말한다.
② 등기명의인이 단독신청한다.
③ 등기의무자의 등기필증 제공의무는 없다.
④ 소유권이전등기를 신청함에 있어서 등기의무자의 주소 변경 사실이 명백한 때에는 그 등기명의인의 표시변경등기는 등기관이 직권으로 하여야 한다.

POINT 40 경정등기

01 의의

원시적인 착오 또는 유루로 인하여 등기와 실체관계 사이에 불일치가 생긴 경우에 이를 시정하기 위하여 기존 등기의 해당 부분을 보충 또는 정정하여 실체대로 등기사항을 변경하는 등기이다.

02 당사자의 신청에 착오가 있는 경우

① 권리 자체를 경정(소유권이전등기를 저당권설정등기로 경정하거나 저당권설정등기를 전세권설정등기로 경정하는 경우 등)하거나 권리자 전체를 경정(권리자를 갑에서 을로 경정하거나, 갑과 을의 공동소유에서 병과 정의 공동소유로 경정하는 경우 등)하는 등기신청은 수리할 수 없다.

② 경정등기를 할 수 있는 경우
- **소유권보존등기의 경정**: 등기명의인의 인감증명이나 소유권확인판결서 등을 첨부하여 단독소유의 소유권보존등기를 공동소유로 경정하거나 공동소유를 단독소유로 경정하는 경우
- **상속으로 인한 소유권이전등기의 경정**: 법정상속분대로 등기된 후 협의분할에 의하여 소유권경정등기를 신청하는 경우 또는 협의분할에 의한 상속등기 후 협의해제를 원인으로 법정상속분대로 소유권경정등기를 신청하는 경우

③ 등기명의인표시의 경정
- 법인 아닌 사단을 법인으로 경정하는 등기를 신청하는 등 동일성을 해하는 등기명의인표시경정등기신청은 수리할 수 없다.
- 등기부상 권리를 이전하여 현재의 등기명의인이 아닌 종전의 등기명의인 또는 이미 사망한 등기명의인에 대한 등기명의인표시경정등기신청은 수리할 수 없다.

03 등기관의 과오로 등기의 착오 또는 유루가 발생한 경우 (동일성 심사불요)

① 등기관의 과오로 등기의 착오가 발생한 경우
- 그 착오를 발견한 등기관은 직권으로 경정등기를 하여야 한다.
- 다만, 등기상 이해관계 있는 제3자가 있는 경우에는 그의 승낙이 있어야 한다.

② 등기를 마친 등기관은 경정등기를 한 뜻을 지방법원장에게 보고하고, 등기권리자와 등기의무자(등기권리자·등기의무자가 없으면 등기명의인)에게 통지하여야 한다(사후통지). 다만, 등기권리자·등기의무자 또는 등기명의인이 각 2인 이상인 경우에는 그 중 1인에게 통지하면 된다.

POINT 41 말소등기 ★★

01 의의

① 기존 등기사항 전부가 원시적 또는 후발적 사유로 인하여 실체관계와 부합하지 아니하여 그 등기사항의 전부를 등기로부터 소멸시키기 위한 등기이다.

② 이해관계 있는 제3자가 있는 경우 제3자의 승낙서 또는 이에 대항할 수 있는 재판의 등본을 첨부하여야 한다.

③ 말소등기의 말소등기는 허용되지 않는다. ➡ 말소회복등기

02 등기상 이해관계인

① 말소등기의 등기상 이해관계인은 말소할 권리를 목적으로 하는 권리자를 말한다.

② 말소할 권리와 선후관계에 있는 권리자는 이해관계인이 아니다.

03 등기의 실행

① 말소등기시 기존 등기사항은 주말한다.

② 말소등기는 항상 독립등기(주등기)로 한다.

land.Hackers.com

POINT 42 말소회복등기

01 의의

① 등기의 전부 또는 일부가 부적법하게 말소되어 종전의 등기로 효력을 회복하는 등기이다. 자발적으로 말소된 경우는 회복할 수 없다.
② 말소된 등기를 회복하려는 것이다.
③ 등기상 이해관계 있는 제3자가 있는 경우 그 자의 승낙서 또는 재판의 등본을 첨부하여야 한다.

02 등기상 이해관계인

① 등기부에 기록되어 있는 자만 가능하므로 이미 말소된 자는 이해관계인이 아니다.
② 손해의 판단시점은 회복등기시를 기준으로 한다(권리취득시 ×).
③ 회복등기와 양립할 수 없는 등기명의인은 이해관계인이 될 수 없고 회복의 전제로서 말소의 대상이 될 뿐이다.

03 등기의 실행

① **등기 전부에 대한 말소회복등기**: 주등기(독립등기)
② **등기 일부에 대한 말소회복등기**: 부기등기

POINT 43 부기등기

01 의의

① 등기관이 부기등기를 할 때에는 그 부기등기가 어느 등기에 기초한 것인지 알 수 있도록 주등기 또는 부기등기의 순위번호에 가지번호를 붙여서 하여야 한다.

② 주등기의 순위나 효력을 보유한다.

02 주등기와 부기등기의 구분

구분	주등기	부기등기
이전등기	소유권이전등기	소유권 외의 권리 이전등기
설정등기	소유권 목적의 ~설정등기	소유권 외의 권리 목적의 ~설정등기
처분제한 등기	소유권의 처분제한 등기	소유권 외의 권리의 처분제한등기
권리의 변경등기	이해관계인의 승낙이 없을 경우	이해관계인의 승낙이 있을 경우
말소회복 등기	전부말소회복등기	일부말소회복등기

가등기	본등기를 주등기로 할 경우	본등기를 부기등기로 할 경우
기타	• 표제부의 등기 • 말소등기 • 대지권(뜻)의 등기	• 환매특약등기 • 공유물분할금지약정 등기 • 권리소멸약정등기 • 권리질권등기(채권담보권)

POINT 44 가등기

01 의의

등기할 수 있는 권리의 설정, 이전, 변경, 소멸의 청구권을 보전하기 위하여 가등기할 수 있다.

가등기 가능	가등기 불가능
① 물권적변동을 목적으로 하는 채권적청구권 ② 시기부 또는 정지조건부의 청구권(사인증여) ③ 장래에 있어서 확정될 청구권 ④ 이중의 가등기 ⑤ 가등기의 가등기(부기등기) 　• 가등기상 권리의 처분금지 가처분등기 ○ 　• 가등기에 기한 본등기금지 가처분등기 ×	① 소유권보존등기의 가등기 ② 처분제한등기의 가등기 ③ 물권적청구권보전의 가등기 ④ 말소등기의 가등기 ⑤ 종기부, 해제조건부 청구권 가등기 ⑥ 환매권설정의 가등기 ⑦ 유증자 생존 중 유증원인의 가등기

land.Hackers.com

02 가등기의 신청

① **원칙**: 가등기권리자와 가등기의무자의 공동신청
② 가등기권리자 단독신청의 특칙
  - 가등기의무자의 승낙이 있는 경우
  - 가등기를 명하는 법원(부동산 소재지 관할)의 가처분명령이 있을 때(촉탁등기 ×)

03 가등기의 효력

① 가등기만으로는 실체법상 효력을 갖지 아니한다(단, 담보가등기는 저당권효력○).
② 가등기에 의한 본등기를 한 경우
  - 본등기의 순위는 가등기의 순위에 따른다.
  - 실체법상 물권변동의 효력이 소급하는 것이 아니다.
③ 소유권이전청구권보전을 위한 가등기가 있다 하여, 소유권이전등기를 청구할 어떤 법률관계가 있다고 추정되지 아니한다.

04 가등기에 기한 본등기

① 가등기 후에 소유권이 제3자에게 이전되었다 하더라도 본등기 의무자는 가등기 당시의 소유명의인이며, 현재의 소유명의인 이 아니다.

② 공동가등기권리자인 경우
- 가등기권리자 모두가 공동의 이름으로 본등기를 신청할 수 있다.
- 일부의 가등기권리자가 자기의 가등기 지분만에 대하여 본등기를 신청할 수 있다.
- 일부의 가등기권리자가 공유물보존행위에 준하여 가등기 전부에 대하여 본등기를 신청할 수는 없다.

05 본등기 후의 조치

① 소유권이전등기 청구권보전 가등기에 의한 본등기

직권말소 대상 ○	가등기 후 본등기 전에 마쳐진 등기 중 아래의 등기를 제외하고는 모두 직권으로 말소한다.
직권말소 대상 ×	• 해당 가등기상 권리를 목적으로 하는 가압류 등기나 가처분등기 • 가등기 전에 마쳐진 가압류에 의한 강제경매 개시결정등기 • 가등기 전에 마쳐진 담보가등기, 전세권 및 저당권에 의한 임의경매개시결정등기 • 가등기권자에게 대항할 수 있는 주택임차권 등기, 주택임차권설정등기, 상가건물임차권 등기, 상가건물임차권설정등기

② 지상권·전세권·임차권의 설정등기청구권보전 가등기에 의한 본등기

직권말소 대상 ○	가등기 후 본등기 전에 경료된 아래의 등기 • 지상권설정등기 • 지역권설정등기 • 전세권설정등기 • 임차권설정등기
직권말소 대상 ×	• 소유권이전등기 및 소유권이전등기청구권보전 가등기 • 가압류 및 가처분 등 처분제한의 등기 • 체납처분으로 인한 압류등기 • 저당권설정등기 • 가등기가 되어 있지 않은 부분에 대한 지상권, 지역권, 전세권 또는 임차권의 설정등기와 주택임차권등기 등

③ **저당권설정등기 청구권보전 가등기에 의한 본등기**: 가등기 후 본등기 전에 마쳐진 등기는 직권말소 대상이 되지 아니한다.

06 가등기의 말소

① 공동신청 원칙

② **단독신청의 특칙**
- 가등기명의인의 단독으로 가등기의 말소신청 가능
- 가등기의무자 또는 가등기에 관하여 등기상 이해관계 있는 자는 가등기명의인의 승낙을 받아 단독으로 가등기의 말소신청 가능

POINT 45 이의신청

01 의의

① 등기관의 결정·처분이 부당하면 이의신청할 수 있고, 이의신청방법으로 그 등기의 시정을 구할 수 있는 경우에는 민사소송이나 행정소송으로 그 시정을 구할 수 없다(판례).

내용	효력	사유	이의신청인	
			당사자	이해관계인
등기신청의 각하	–	–	○	×
각하사유를 간과하고 등기를 실행	절대무효	법 제29조 제1호·제2호	○	○
	절대무효는 아님	법 제29조 제3호 이하의 사유	×	×

② **이의결정의 당·부당 판단:** 결정 또는 처분시 기준

③ 새로운 사실 및 새로운 증거방법으로는 이의신청 불가능

④ 이의신청은 기간의 제한 없이 이익이 있는 한 언제나 가능

⑤ 이의신청에는 집행정지의 효력 ×

⑥ 이의신청은 관할 지방법원에 제기하여야 하나 등기소에 이의신청서를 제출하거나 이의신청정보를 전송하는 방법으로 한다.

02 이의신청에 대한 조치

① 등기관의 조치
- 등기관은 이의가 이유 없다고 인정한 때에는 3일 이내에 의견을 첨부하여 관할 지방법원에 송부하여야 한다.
- 등기관은 이의가 이유 있다고 인정한 때에는 상당한 처분을 하여야 한다.

② 관할 지방법원의 조치
- 이의신청에 대한 이유가 없으면 기각결정을 하고 그 등본을 등기관과 이의신청인에게 송달한다.
- 이의신청에 대한 이유가 있으면 등기관에게 상당한 처분(기록명령·말소명령)을 명하고 그 뜻을 이의신청인과 등기상 이해관계인에게 통지하여야 한다.
- 관할 지방법원은 이의에 대하여 결정하기 전에 등기관에게 가등기 또는 이의가 있다는 뜻의 부기등기를 명할 수 있다(등기관의 직권 ×).

양기백 교수

약력
해커스 공인중개사학원 부동산공시법령 강사
해커스 공인중개사 부동산공시법령 동영상강의 강사

2025 해커스 공인중개사 2차 키워드 한손노트

부동산공시법령

개정2판 1쇄 발행	2025년 4월 1일

지은이	양기백
펴낸곳	해커스패스
펴낸이	해커스 공인중개사 출판팀

주소	서울시 강남구 강남대로 428 해커스 공인중개사
고객센터	1588-2332
교재 관련 문의	land@pass.com
	해커스 공인중개사 사이트(land.Hackers.com) 1:1 무료상담
	카카오톡 플러스 친구 [해커스 공인중개사]
학원/동영상강의	land.Hackers.com

ISBN	979-11-7244-909-4 (10360)
Serial Number	02-01-01

저작권자 ⓒ 2025, 양기백
이 책의 모든 내용, 이미지, 디자인, 편집 형태는 저작권법에 의해 보호받고 있습니다.
서면에 의한 저자와 출판사의 허락 없이 내용의 일부 혹은 전부를 인용, 발췌하거나 복제, 배포할 수 없습니다.

공인중개사 시험 전문,
해커스 공인중개사 land.Hackers.com

ⓗⓣ 해커스 공인중개사

• 해커스 공인중개사학원 및 인터넷강의
• 해커스 공인중개사 온라인 전국 실전모의고사
• 해커스 공인중개사 무료 학습자료 및 필수 학습정보 제공